Heinrich Zehle

Laut-und Flexionslehre in Dante's Divina Commedia

Heinrich Zehle

Laut-und Flexionslehre in Dante's Divina Commedia

ISBN/EAN: 9783743364875

Hergestellt in Europa, USA, Kanada, Australien, Japan

Cover: Foto ©berggeist007 / pixelio.de

Manufactured and distributed by brebook publishing software (www.brebook.com)

Heinrich Zehle

Laut-und Flexionslehre in Dante's Divina Commedia

Laut- und Flexionslehre

in

Dante's Divina Commedia.

Von

Dr. Heinrich Zehle.

Marburg.
N. G. Elwert'sche Verlags-Buchhandlung.
1886.

Einleitung.

Von dem Zustande der italienischen Sprache in den italienischen Werken Dante's hat bisher noch Niemand ein deutliches Bild zu entwerfen gesucht. Zwar sind mehrfach Einzelheiten, die besonders auffällig waren, erörtert worden. Zu erwähnen sind hier zunächst die Grammatiken von Blanc und Diez, ferner Blanc, »Vocabolario dantesco«, wo die vom heutigen Sprachgebrauch abweichenden Wortformen Dante's verzeichnet sind, sodann eine Abhandlung von Schneider: »Der Reim in der Divina commedia Dante's«, Bonn 1869. Hier werden nicht sowohl die lautlichen Verhältnisse der Sprache Dante's untersucht, vielmehr nur die Reimformen betrachtet und die für die Flexion sich ergebenden Abweichungen von der modernen Sprache teilweise notirt. Der Verfasser kommt dabei zu dem Schluss, dass der Dichter zu Gunsten des Reimes die Formen willkürlich änderte, ohne jedoch den Versuch gemacht zu haben, sie aus der italienischen Sprache zu erklären. Allerdings lässt sich nicht bestreiten, dass Dante im Reime häufig besondere Formen wählte; aber keineswegs ist damit die Behauptung berechtigt, »dass Dante zu Gunsten des Reimes die Sprache in vielen Beziehungen tyrannisirt hat« (Schneider l. c. pg. 36). Im Gegenteil erinnert man sich fast überall, wo scheinbar unregelmässige Formen bei Dante im Reime auftreten, einer regelrechten dialektischen Wortentwicklung, die zwar nicht in der modernen Schriftsprache, wohl aber in der der alten Dichter üblich war, welcher Dante hierin folgte, wie er sich in Bezug auf den poetischen Ausdruck, treffende Bilder, Metrum, Versbehandlung u. s. w. an die Überlieferung der älteren Zeit anschloss. Der Standpunkt der Arbeit ist daher ein verfehlter, und über die aus Blanc entnommenen Merkmale hinaus wird nichts geboten. Gleich wenig fruchtbringend ist und gleich wenig vermehrt den Einblick in Dante's Sprache eine in der Zeitschrift »Il Propugnatore« 1879 veröffentlichte Abhandlung von Giuseppe Bozzo, »Voci e maniere del siciliano, che si trovano nella Divina Commedia«. Der Verfasser beschränkt sich darauf, eine Reihe von Ausdrücken und Formen aus dem Inferno mit entsprechenden Ausdrücken des sicilianischen Dialektes zusammenzustellen. Dass ein direkter Zusammenhang der Sprache Dante's mit der sicilianischen bestehe, wird damit jedoch nicht gezeigt, weil die Möglichkeit nicht ausgeschlossen bleibt, dass andere Dialekte dieselben Formen besessen und sie von Dante aus diesen entlehnt wurden. Selbstverständlich hat Nannucci in seinen beiden grossen Werken: »Teorica dei nomi della lingua italiana« (Florenz 1858) und »Analisi critica dei verbi italiani« (1844), welche die Flexion des altitalienischen Nomens und Verbums behandeln, Dante eingehend berücksichtigt und eigentümliche Erscheinungen seiner Formen zu erklären versucht; freilich ist es ihm bei seinem veralteten Standpunkte nicht oft gelungen, etwas Abschliessendes über die behandelten Formen zu lehren.

Dem Versuch, ein vollständiges Bild von Dante's Sprache, eine Beschreibung derselben nach ihren Lauten und Wortformen zu geben und den Sprachcharakter speciell der D. C. zu bestimmen, stehen sehr erhebliche Schwierigkeiten im Wege. Sie haben jedoch nicht verhindert, dass man schon seit Jahrhunderten die in Hss. der D. C. vorgefundenen Wortformen als Dante'sche Worte in die neuitalienische Schriftstellersprache aufnahm, dass man aus den auf die D. C. sich stützenden Reimwörterbüchern Dante'sche Reime schöpfte, dass ein Dante-Wörterbuch auf Grund der vorhandenen Ausgaben der D. C.

verfasst wurde; aber die Einsicht in jene Schwierigkeiten war es
gewiss, welche zu einer Dante-Grammatik bisher Niemand den
Mut fassen liess. Die Schwierigkeiten sind doppelter Art. Sie
liegen 1) in unserer mangelhaften Kenntniss der Textgeschichte
der italienischen Werke Dantes, insbesondere seiner Divina
Commedia, und 2) in der Freiheit der Reimbindungen, die bei
den italienischen Dichtern seit Dante und vorher schon besteht.

Die Originalschrift der D. C. ist natürlich nicht erhalten,
oder, wenn sie in einer der zahlreichen Hss. festgehalten sein
sollte, so wissen wir doch nicht darum. Als älteste Hss. der
D. C. gelten: 1) Palatino 178 aus dem Jahr resp. vor 1333;
2) Codice di S. Croce, Laurenziano XXVI, 1 von 1343; 3) Gaddiano Laurent XC Sup. 125 aus dem Jahre 1347; 4) Codd. Urbinati no. 366 von 1352; 5) Laurenziano XL 22 von 1355. Cfr.
Colomb de Batines, Bibliogr. Dantesca (Prato 1848) II S. 5 ff. s. u.
Sie sind demnach 12, 22, 26, 31, 34 und mehr Jahre nach
Dante's Tode entstanden; sie sind auch zum Teil von Schreibern
aus anderen Mundartgebieten hergestellt. Zeit und Ort oder
auch die Willkür der Schreiber können Differenzen zwischen
ihren Copieen und ihren, vielleicht sogar orthographisch noch
treuen Vorlagen hervorgerufen haben. Vor allem haben sich solcher Willkür die Herausgeber dieser ältesten Hss. schuldig gemacht, selbst Witte in seiner grossen Ausgabe der D. C. (Berlin
1862), da auch er nach dem hergebrachten Editorengrundsatz
den Text zur Bequemlichkeit des Lesers auch orthographisch
möglichst an die moderne Schreibung glaubte anpassen zu müssen,
ohne zu beachten, dass dadurch Thatsachen der Dante'schen
Sprache oder der der ersten Hälfte des 14. Jahrhunderts verdunkelt werden könnten. Eine Gewähr dafür, dass die authentische Sprache der D. C. noch irgendwo in Hss. oder Ausgaben
vorliege, fehlt also gänzlich. — Die grammatischen Resultate aber,
welche die Betrachtung der Reime Dante's zu geben vermag,
sind allerdings unanfechtbar; sie lehren jedoch seine Sprache
nur in beschränktem Umfange kennen. Sie klären nicht auf
über alle Tonvocale, da die Vocalnüancen, der offene und der

geschlossene Vokal, einfacher Vokal und Diphthong, mit einander vollkommenen Reim bilden und die strenge Scheidung der Vocale nach ihrer Qualität und Quantität, die sich für die provenzalische Lautlehre so fruchtbar bewiesen hat, dort nicht besteht.

In dem Misstrauen gegen die Orthographie der Hss. kann man nun aber zu weit gehen; denn auch im Mittelalter bestand eine orthographische Tradition, und es wurde Generationen hindurch an der einmal festgesetzten Schreibung festgehalten. Man nimmt dies wahr, wenn man die Orthographie der ältesten Dante-Handschriften, so weit sie bekannt sind, vergleicht, oder die Schreibung anderer Hss. derselben Zeit damit zusammenhält. In den **übereinstimmenden Schreibungen** der alten Dante-Hss. liegt demnach, wofern sie nicht von einander abgeschrieben sind, was nach den Lesartendifferenzen in ihnen unwahrscheinlich ist, Dante's Orthographie selbst noch oder nur wenig verändert vor. Solche Übereinstimmungen verdienen daher aufmerksame Berücksichtigung. Aber auch die orthographischen Übereinstimmungen zwischen den ältesten Dante-Hss. einer- und anderen Hss. des 13. oder 13. bis 14. Jhs., die in Toskana entstanden, andererseits bedeuten die zu Dante's Zeit übliche Schreibweise italienischer Wörter. Hier sind vor allem zu nennen die drei ältesten Liedercodices, welche Caix in seinem Werke »Origini della lingua poetica italiana« (Firenze 1880) hauptsächlich zur Untersuchung der literarischen Sprache des 13. Jhs. verwertet hat, der Pisaner Codex L, die lucchesische Sammlung P und hauptsächlich die Florentiner Hs. V., ferner aber auch die älteste Hs. des Tesoretto des Brunetto Latini (R.), welche Wiese seiner Ausgabe des Tesoretto und Favolello zu Grunde legte (Zeitschrift für Romanische Philologie Bd. VII). Als gleichaltrig zu betrachten sind auch die von Hartwig (Quellen und Forschungen zur ältesten Geschichte der Stadt Florenz. I. Teil Marburg 1875, II. Teil Halle 1880) abgedruckten Chronikbruchstücke.

Auf solchem Wege und unter Benutzung der Tatsachen des Reimes, sowie der Erscheinungen, welche die Silbenzahl des

Verses bei Dante ergibt, dürfte eine gewisse Garantie dafür geboten sein, dass auch, ehe noch eine kritische Ausgabe des Textes der D. C. vorliegt, die ja ihrerseits der grammatischen Vorarbeit bedarf, bei einer Untersuchung der Laute und Formen der D. C. gewisse Resultate sich ergeben müssen, oder dass es möglich ist, wenigstens solche vorbereiten zu helfen.

In dieser Überzeugung und nach den dargelegten Grundsätzen ist in Nachstehendem der Versuch einer Darstellung der Sprache der D. C. unternommen worden. Zu Grunde gelegt wurde Witte's grosse Ausgabe. Die Anordnung, welche für die Darstellung unserer Resultate zu wählen war, war durch die grammatischen Abhandlungen von Caix und Wiese vorgeschrieben. Schon um dem Leser die Vergleichung mit diesen zu ermöglichen, empfahl sich der Anschluss an die Vorgänger, wenn der Gegenstand auch eine andere Behandlung vertragen hätte, bei der eine grössere Concision möglich gewesen wäre. Unsere Arbeit will nur eine descriptiv-systematische Darstellung der Laute und Sprachformen in der D. C. sein. Es war nicht beabsichtigt, die Herkunft der zahlreichen nichttoskanischen Formen in jedem einzelnen Falle nachzuweisen und ihre Entstehung zu erklären. Diesen Dienst suchte eine mir erst nach dem Abschluss dieser Arbeit (Juli 1884) bekannt gewordene Schrift zu leisten: Zingarelli, »Parole e forme della Divina Commedia aliene dal dialetto fiorentino«, erschienen in »Studj di Filologia Romanza«, Roma 1884. Eine Abhandlung von Raffaelo Caverni, »Voci e modi nella Divina Commedia dell' uso popolare toscano«, Firenze 1878, war mir nicht zugänglich. Doch dürfte dies kaum von Nachteil gewesen sein, da das Wörterbuch von Rigutini e Fanfani, »Dizionario della lingua italiana parlata« hinreichend über diesen Punkt Auskunft gibt.

Zum Schluss erfülle ich noch die angenehme Pflicht, Herrn Prof. Dr. Gröber, unter dessen Anleitung ich diese Arbeit ausführte, meinen herzlichsten Dank auszusprechen.

I. Lautlehre.

Betonte Vocale.

I. a.

Es ist in der Regel erhalten.

Ausnahmen: a. Das Suffix *-arius* tritt auf 1) als *-iero, -iere*; 2) als *-ajo*; 3) als *-aro*.

Über 1) cf. Ascoli, Arch. gl. I, pg. 484; G. Paris, Romania I; IX, 331; Gröber, Archiv für lat. Lexicographie I, 225 ff.

-iero ist, weil alle romanischen Sprachen eine analoge Form zeigen, zuerst entwickelt und muss schon im Vulgärlatein eine entsprechende Vorstufe — nach Ascoli *erius* — haben. Dass die Existenz einer solchen Form im Vulgärlatein möglich war, zeigt Gröber l. c. Derselbe weist zugleich die Theorie von G. Paris als unhaltbar nach.

-ajo und *-aro* sind speciell italienische Formen, also in einer Zeit entstanden, wo jede der romanischen Sprachen ihre eigne Entwicklung hatte, und zwar entstanden nach Gröber durch den Einfluss des Lateins der Gebildeten in der Kaiserzeit, indem das Suffix *-arius* auf Kosten der aus *-erius* entwickelten Endung in die Volkssprache eindrang. Es würden demnach Wörter wie *gennaio, caldaia, migliaio* die entsprechende volkstümliche Form, die sicher vorhanden war, wie z. B. *janvier, chaudière, millier* beweisen, gänzlich verdrängt haben.

Beide Suffixe finden sich bei *primarius*. Neben *primario*, welches etwa 10mal vorkommt, steht einmal (Pr 32,75) *primiero*. In diesem Falle trat später das Umgekehrte ein, indem *primaio* aus dem Toskanischen verdrängt wurde.

Für *Quarnaro*, Name des Golfs an der istrisch-dalmatischen Küste (r J 9,113), ist jetzt allgemein üblich *Quarnero*. Letzteres ist die venezianische und am Orte giltige Form, cf. Boerio, Dizionario del dialetto veneziano. *Quarnaro* wählte Dante vielleicht nur des Reimes wegen, wie *Pado* für *Po*, s. u. Im Übrigen vergl. über *-arius* unter Cons. *r*.

b. Einzelne Wörter:

Lat. *Padus* = *Po* (J 5,98; 20,78 etc. im Ganzen 5mal) und *Pado* (Pr 15,137 i. R.). *Pado* ist offenbar gelehrte Form. *Po* dürfte aus dem mailändischen Dialekt stammen; seine Entwicklung entspricht jedenfalls den Lautgesetzen desselben. Cf. Mussafia, Altmailänd. Mundart; Salvioni, Fonetica del dialetto milanese.

Auch *co* (J 20,76. 21,64; Pg 3,128; Pr 3,96) — neben häufigem *capo* stehend — muss den nördlichen Dialekten entnommen sein; Salvioni führt es als mailändisch an l. c. pg. 86. — Neben *chiavo*, Pr 32,129 i. R., das regelmässig aus *clavus* entwickelt ist, steht *chiovo* Pg 8,138. Beide sind im Neutoskanischen ersetzt durch *chiodo*, welches auf *chiovo* zurückzuführen ist und sein *d* durch den Einfluss des Verbs *chiudere* erhalten haben wird. *Chiovo* entspricht dem sicilianischen *chiovu* (cf. Wentrup, Beiträge zur Kenntniss des sicil. Dialekts pg. 13 A) und ist vielleicht daher entlehnt. *O* entstand durch den Einfluss des Labials, wie im frz. *clou*. — Neben *manco* steht *monco* J 13,30 i. R. und Pg. 19,9. Im Neutoskanischen sind im Gebrauch *manco* mit der Bedeutung »links«, *monco* »verstümmelt«, so auch bei Dante, hier aber auch in bildlicher Bedeutung. Diez, E. W. I, vermutet für *monco* Anlehnung an lomb. *moch*, »stumpf, mit abgebrochener Spitze«.

c, wo man *a* erwartet, findet sich in *melo* Pg. 32,73 (lat. *malus*, Apfelbaum), nach Diez, Gr. I pg. 146, durch Anlehnung an griechisches μῆλον entstanden. Zweifelhaft sind die Perfecta *ebbi* und *seppi* (lat. *habui*, *sapui*). Vielleicht ist Anlehnung an *debbi*, *crebbi*, *bebbi* anzunehmen.

Die ältesten Dichter haben häufig *clero* (afz. *cler*), Ciullo im Reim auch *peri*, *freri*, Guitone *abessa* (= *abassa*, cf. Caix § 3). Francesco da Barberino *coldo* (lat. *calidus*) im Reim zu *soldo* (cf. Caix § 4), Dante nie.

II. ę und ae.

Während nach Caix den ältesten italienischen Dichtungen, die von Guittone d'Arezzo eingeschlossen, der Diphthong gleichsam fremd war, konstatirt Wiese, dass Brunetto Latini den Diphthong neben dem einfachen Laut verwandte, allerdings mit Vorwiegen des letzteren im Reim. Es herrscht aber noch grosse Unbestimmtheit, indem mehrfach dieselben Wörter bald den Diphthong, bald den einfachen Laut zeigen. Ein solches Schwanken findet sich auch, wiewohl seltner, bei Dante. In der Mehrzahl der Fälle ist hier der Gebrauch schon geregelt im Sinne der modernen toskanischen Sprache. Nur selten unterscheidet sich in demselben Worte der Tonvocal im Reim von dem im Innern des Verses. Betrachten wir die einzelnen Fälle:

Bei Br. kommen nur mit *e* vor *seguire negare ferire crepare*, *mistero matera*, *breve*, *mele*, *leve* (1mal XIX, 130). Bei Dante *niega* r J 5,81, sonst wie im Neutoskanischen *nega* r Pr 13,116; J 26,27; Pg 17,60. 25,33 und stets *lieve* r Pg 12,116, im Innern des Verses J. 3,93. 24,32 etc., das Präsens von *ferire*: *fiede* r { J 10,133. 20,105 / Pg 28,88; Pr 32,40. } *Mistero* kommt nicht vor bei Dante, die übrigen, *crepa(re)*, *matera breve*, haben ebenfalls nur den einfachen Laut und stehn auch im Reim.

Mit *e* und *ie* stehn bei Br. *miei*, *pietro schiera cielo*, *triegua*, *piè*, *insieme*, *diece*, *dirieri*, *arrieri*, ferner die stammbetonten Formen von *pregare*, *tenire*, *venire*. Bei Dante liest man *triegua* r J 7,88; *tregua* r Pg 14,136. 17,75; *diretro* J 14,140. 26,117 etc.; *retro* r J 19,93; Pr 2,93; r Pr 28,5 (D.: *dietro*); r Pg 19,97 *i dretri*. *Dietro* J. 14,73. 23,23 etc. nie im Reim und seltner als *diretro*; *dirietro* nur Pr 12,83 A B und Pr 12,117 in B.; *pregare* r J 5,77. 13,86; Pg 1,79 etc., immer nur mit *e*; dagegen *tenire, venire* stets mit *ie*; ebenso die übrigen: *miei, pietra, schiera, cielo, piè, insieme, diece.*

Lat. *ferus*: Br.: subst. *fiere*, adj. *fero*; Dante: subst. *fiera* r J 25,59. 31,80. 32,96; adj. *fiero* r J 21,31; Pg 17,26; *fero* r J 107. 23,135. 24,123. Im Innern des Verses schwankt auch das Subst.

Nur *ie* hat bei Br. und Dante: *diede.*

Schwankend ist bei Dante noch *gelo* r J 2,127, Pg 12,30; dagegen *gielo* r J 32,23, Pg 20,128, Pr 13,15. Ersteres ist im Neutoskanischen allein üblich. *Valdigreve* Pr 16,64 (BCD: *Valdigrieve*).

Von Wörtern, die nicht bei Br. vorkommen, treten bei Dante nur mit *e* auf: *preme(re)* r J 33,5 Pr 12,99 22,25, *trema(re)* r J 4,150 Pr 13,78 23,66 30,25, *geme(re)* r J 13,41 26,58 etc., *leva(re)* Pg 16,18 24,120 Pr 26,86 etc., Pr 30,123; *bene* r. J. 4,93 31,50 etc., *greve* (vulgärlat. *grevis*) r. J. 3,43 6,8, *breve* r J 3,43 Pg 21,48; *allegro* (vlt. *aleçer*, cf. Gröber a. a. O.) r J 7,122 14,56; *tenebra, latebra, crebra* r Pr 19,65.67.69 sind gelehrte Wörter.

e = lat. *æ* ist ferner in *pena, appena, leso*; in den Namen *Anfesibena, Anteo* eingetreten.

Nur *ie* steht in *Pietro, Piero*, z. B. r J 1,134 2,24; *siepe, lieto cicco*; *chiedi, chiede* (praes. von *chiedere), chiese*, im praes. von *sedere, reddire*. Die Wörter treten alle i. R. auf.

Siena r J 29,109 (lat. *Saena Julia*, griech. Σαίνη) cf. Schuchardt, Vocalismus I, pg. 326.

In der ital. geschlossenen Silbe steht der Diphthong in *chieggio* Pg 13,148 im Versinnern; *chieggio* r J 1,130; 21,129 Pg 13,148 neben *cheggio* r J 15,120 Pg 1,93 16,83 Pr 8,117. Der Diphthong ist durch *chiedo* hervorgerufen. — *Siestri* Pg 19,100 (lat. *Segestrum*) ist *Si-estri* mit Dissimilation der Laute.

ie in drittletzter Silbe: *chiesero* J 19,94, *chieder* Pg 13,62 durch Analogiewirkung, indem der Tonvocal der übrigen stammbetonten Formen auf diese übertragen wurde. — *Fiesole* (lat. *Faesulae*) J 15,62 Pr 15,126 16,122 (A.: *Fesule*). — *Pietola*, das alte Andes bei Mantua, Pg 18,83. Ob hier Einwirkung von *pietra* anzunehmen ist und *Pietola* selbst ein Diminutiv von diesem?

Das Suffix *-çrius*, welches mit Gröber l. c. für die Endungen *-ero*, *-era*, *-iero*, *-iera* als Vorstufe im Vulgärlatein anzusetzen ist, tritt bei den ältesten Dichtern mit einfachem Laut auf (cf. Caix § 73), bei Br. mit *e* und *ie*; ersteres herrscht vor, auch im Reim (cf. Wiese § 41); bei Dante steht nur 1mal (Pg 6,62) *e* in *altero*, daneben *altiero* r Pg 12,70, sonst stets, auch im Reim, *ie*, z. B. *lumiera* r J 4,103, *gorgiera* r J 32,120, *riviera* r Pg 14,26, *cavalieri* r J 5,71 etc.

e im Hiat. Die ältesten Dichter brauchten *e* und *i*; *i* bei weitem seltener (cf. Caix § 14), Brunetto (cf. Wiese § 10) schrieb stets *io*, *mio*, aber *reo*; *rio* nur 1mal (XVII, 92), *deo*, *crea(re)*. Bei Dante liest man ebenfalls nur *io, mio*; *rio* und *reo* gleichmässig auch im Reim. Neben *Dio* r J 3,122 4,38 Pr 10,56 und noch oft, 1mal *Deo* r Pg 16,108. Der Plural: *Dei* r 7,87 31,95 Pg 21,126 etc., *Dii* 1mal: r Pr 5,123. Der Plural fem. *dee* r Pg 32,8; Pr 28,121. — *Lia* Pg 27,101; *ricrea* r Pg 7,96 r Pr 31,43; *cria* r J 11,93 und Pg 16,80.

idea, mea (It. *meat), intrea*, von *tres* gebildet, r Pr 13,53. 55. 57 sind gelehrte Wörter.

stea (lat. *stet*), Pg 17,84, D hat *stia*, Anbildung an *sia*.

III. Lat. ĭ und ē.

Die ältesten Dichter gebrauchten häufig sicilianische Reime; Guittone wendet daneben die seiner Heimat an (cf. Caix §§ 16. 31, 32). Bei Brunetto können höchstens folgende zwei als sicilianisch angesehn werden: XVII, 89 *consiglio* : *meglio* und *diritto* : *detto* (2mal, cf. Wiese § 20). Dante hat sie ebenfalls noch einige Male: In offner Silbe *sorpriso* Pg 1,97 (: *viso, Paradiso). ripriso* Pg 4,126 (: *riso assiso)*, vielleicht auch *Saracine* Pg 23,103 (: *discipline, fiorentine*).

Übergang von *ē* zu *i* findet sich ausserdem nur noch in

Fremdwörtern: *Agapito* Pr 6,16; *accidia* (griech. ἀκηδία, auf Grund neugriech. Aussprache des η als *i*) Pg 18,132.
Tamigi (lat. *Tamēsis*) J 12,120; *biscia (bestia)* r Pg 8,98. Lat. *ĭ* in offner Silbe ist behandelt wie in der modernen Sprache. Wir haben also *fede, concepe, neve, meno, lega* 3. sg. praes., *vedo, lece, vece, nero, pece. vice* Pr 27,7 und r Pr 30,18 ist Latinismus, ebenso *nigro* r Pg 33,110, *pigro* r Pg 33,114. Br. hat einmal r *lice*: *dice* (cf. Wiese § 18), sonst stimmt auch er mit der Schriftsprache überein. In drittletzter Silbe steht bei Dante *i*: also *principio, misero, libito, rigido, cilicio, agricola, arbitrio, timido, beneficio*. Jedoch dürften diese Wörter, welche nach Rig. e Fanf. alle im Neutoskanischen nicht vorkommen, als gelehrt anzusehen sein, ebenso die Bildungen auf *-izio, -izia* (Beispiele siehe unten beim Consonantismus), ferner *licito* (5mal), dagegen 1mal *sollecito* (Pr 6,134). *invidia* (daneben volksthümliches *inveggia* subst. r Pg 6,20 und *inveggiar* Pr 12,142), *concipio* r Pr 27,63 (daneben *recepe, concepe* r Pr 2,35. 37 29,137. 139), *insidia, perfidia, esilio*.

ĭ und ē in Position.

i ist erhalten vor *ng*: 1) in den Verben auf *-ingere*, z. B. *pingere, fingere, (at)tingere, cingere*, ferner in *lusinga* r Pg 1,92 (prov. *lauzenga*), *lingua, impingua* (praes. zu *impinguarsi), distingua* r Pr 11,23. 25. 27, *pingue*. — 2) vor *l*: *artiglio, ciglio, consiglio, famiglia, vermiglio, conciglio, maraviglio, pigliare*. Alle diese Wörter treten im Reim auf. — 3) vor *ñ* in *Sardigna, sanguigno, tigna*, sämmtlich im Reim. *Ferrigno* erklärt Canello (Voc. ton. it. pg. 213) für halbgelehrt. *maligno* und *benigno* haben langes *i* nach Marx, Hilfsbüchlein zur Aussprache der betonten Vocale, pg. 18,42.

Das *i* in *sinistro* ist nach Wiese § 20 Rücklatinisirung, da Br. *sinestro* hat. Als Latinismen sind anzusehn *sigillo* r Pr 11,107 27,52, *sigilla* (von *sigillare*) r Pr 7,67 etc. neben *suggello* r Pr 8,127 2,132 Pg 33,79; *suggella* (verb. *suggellare*) r J 11,49 etc.

circa (Präposition) Pr 12,20 (sonst *cerchio, cercare* etc.).

intra J 27,29 Pg 19,100 etc. (neben *entre, entro*, von *entrare*), *postilla, pupilla, pusilla, tranquillo, favilla, villa, disfavillo*.

Lat. $\bar{\imath}ct$ und $\bar{e}ct$ = ital. *etto* in der Regel, daneben selten *itto* aus lat. $\bar{e}ctus$, reimend mit lat. $\bar{\imath}$. Wir haben hier also sicilianische Reime vor uns. Nur mit *e* treten auf: *diletto, difetto, stretto, costretto, ristretto, aspetto, corretto, detto* — *editto* Pg 1,76 (subst.) ist gelehrt — *vendetta*, dagegen in der Regel *diritto, dritto*, daneben *diretto* r Pg 17,97 Pr 8,105 18,16 27,147.

retto Pr 13,102; r Pg 20,51; daneben *ritto* r J 19,52; Pg 17,86 im Versinnern.

rispetto Pg 32,14; r Pr 13,107; *rispitto* r Pg 30,43. Letztere Form sieht Canello (Vocal. ton. ital.) für französisch oder provenzalisch an.

dispitto Pg 32,14 (cf. fz. *despit*).

gitta (3. ps. sg. praes. von *gittare*) r Pg 28; J 11,5; Pr 12,117. Sonst steht *e*, z. B. *gette* J 18,48; *getta* Pg 6,51; *tragetto* r J 19,129.

i ist erhalten in *postilla, pupilla, pusilla, tranquilla, disfavillo, favilla, scintillo, scintilla, lapillo, squilla, squillo, vessillo, Sibilla, inno, relinquo, scindo, quindi, Indo, derelitto*, meist wohl, wie die Bedeutung anzeigt, gelehrten Ursprungs.

IV. $\bar{\imath}$

Es ist wie bei den ältesten Dichtern (cf. Caix § 30) und bei Brunetto (cf. Wiese § 19) behandelt wie in der modernen Schriftsprache.

freddo setzt *frĭgidus* voraus (cf. provenzal. *freitz*, fz. *froid*); es ist also keine Ausnahme von der Regel. *bieco* (*oblīquus* gilt als Analogiebildung nach *plico* (cf. Diez, Et. W. II a).

$\bar{\imath}$ in Position: *Achille, mille, stilla, stillo, villa*. Es ist im übrigen behandelt wie in der modernen Sprache.

V. Lat. ρ und *au*.

Es gilt in Betreff der Diphthongirung dasselbe, was oben über $\wp$ gesagt ist. Brunetto gebraucht *core, omo, movere* nur mit einfachem Laut (cf. Wiese § 26). Dante hat ebenfalls nur *core*, *accorare* sowohl im Reim wie im Innern des Verses, dagegen stets *uomo*. Neben vorherrschenden *movere* (9 Beispiele) steht *muovere* J 22,1.11 nach *muove* etc. Die von diesem Verb im Reim auftretenden Formen haben nur *o*, im Versinnern steht 1mal *muovi* J 2,67; sonst auch hier *o*.

Neben einander stehn bei Br. *bono* und *buono*, *fuore* und *fore*, *dole* und *duole*; aber *pose*, *dispose*, *rispose* neben *dispuose*, *rispuose*; *suole* und *sole*. Bei Dante stets *buono*, *duole*, *suole*, *fuore*, andrerseits *posa*, *risposa*.

Der einfache Laut herrscht bei Br. vor in *loco*, *gioco*. Nur 1mal steht im Versinnern *giuochi*. Bei Dante liest man *luogo* J 3,16. 104 13,9 14,124 im Versinnern, sonst oft und im Reim ausschliesslich *loco*. *giuoco* steht bei Dante im Reim J 17,102; im Innern des Verses Pg 6,1; sonst steht häufig, auch im Reim *gioco*. — *foco* ist bei Br. und Dante im Reim allein gebräuchlich, und im Innern des Verses bei Beiden auch *fuoco*. Dante hat es nur 3mal (J 1,119 15,3. 39). Ursache des *o* für *uo* im Reim sind Bindungen von *ǫ* und *au (o)*.

truovo ist bei Br. vorherrschend, bei Dante steht nur *trovo*. Br. hat *pruove*, subst. 1mal im Reim, *prove*, subst., ebenso *prova*, verb., 2mal im Reim. Dante: 1mal *pruovo*, subst., r J 12,93, sonst subst. und verb. nur mit *o*, auch im Reim. Br. hat *more*, *moia*, *muoia*, Dante *muoi* r Pr 22,15, dagegen *more* r Pg 3,136; r 7,72; r 8,8; innerhalb des Verses Pr 13,52. *moia* r Pr 9,39; innerhalb des Verses Pg 17,42.

Nur mit Diphthong stehn bei Br. *puote*, je 2mal *rischuote*, *percuote*, 1mal *nuoce* im Reim. Bei Dante liest man ebenfalls *puote*, *nuoce* allein; dagegen nur 1mal (r Pg 24,86) *percuote*, sonst stets *o*, z. B. r J 5,27 r Pg 28,107.·111, *scote* r Pr 13,105 r Pr 17,134 (: *puote*, *note*, *rote*).

Neben *suoi*, *tuoi* stehn bei Dante die Latinismen *sui* r J 5,99 9,24 und *tui* r J 10,42.

Mit einfachem Laut steht *voto* (lat. *vocitus* [nach Rönsch, Romänische Forschungen I, 3, aus *vacutus*]).

o und *uo* stehn neben einander: *Romagnoli* Pg 14,99, *Romagnuoli* J 27,28; *tremuoto* J 12,6, *tremoto* J 31,106 Pg 21,70. Sonst ist *o* behandelt wie in der modernen Sprache.

Zu erwähnen sind noch *saldo* Pr 22,51; *sodo* r J 30,30 r Pg 29,135 r Pr 28,16 und *solido* (lat. *solidus*).

bue (lat. *bŏvem*) r Pg 32,145. pl. *buoi* Pg 10,56 12,1.

nuota (lat. *nŏtare* = klassisch lat. *natare*).

Diphthong in drittletzter Silbe: *suocero* J 23,121 Pg 7,109 und *suonano* Pr 21,108 28,119. In beiden Fällen hat Analogiewirkung stattgefunden, indem dort *suora*, hier der entsprechende Singular *suona* Einfluss übte. — Lat. *ǫ* = *e* in *Palermo* Pr 8,75.

au: Bei den ältesten Dichtern haben ausschliesslich *o* die Wörter *poco, povero, posa, riposo, au* die Wörter *auro, laude, laudo, fraude*. Wo die Hss. teils *o*, teils *au* haben, ist letzteres als ursprünglich anzusehn (cf. Caix l. c. §§ 65, 66), so dass dies entschieden vorwiegt.

Bei Brunetto dagegen ist das Entgegengesetzte der Fall. *O* ist Regel, nur 1mal steht *auro* neben öfterem *oro* (cf. Wiese § 38 ff.).

Bei Dante liest man *o* und *au* neben einander in folgenden Fällen: *lauro* Pg 22,108; *alloro* r Pr 1,15; *claustro* r Pg 32,97; *chiostro* r Pg 15,57 r Pr 22,50 r Pr 25,127; *gaude* (3. sg. praes. von *gaudere*) r Pr 19,39; praes. von *godere* J 7,96 8,57 Pg 6,87 21,73 Pr 10,124 33,93, überall im Reim.

gaudio Pr 24,36 31,41; *gioia* (prov. cf. Caix § 144) öfter, z. B. r J 1,78 r Pr 9,37 r 14,23 r 24,89 Pr 27,7.

laude r Pr 19,37, sonst *lode*. Es steht im Reim J 7,92 Pg 21,71 Pr 10,22 14,122; *loda* (subst.) r Pr 30,17; *lodo* (subst.) r J 3,36.

ausi J 11,11; *oso* r Pg 11,126 r 20,149 Pr 14,130.

ausa (subst.) r Pr 32,63.

pausa (3. sg. praes. von *pausare*) r Pr 32,61; *posa* Pg 17,51 r 18,32 r Pr 2,23 etc.

Lat. *au* = *ao* steht in *Paolo* J 2,32 Pr 18,131 in A₂BD; *Niccolao* Pg 20,32. Dagegen *Polo* r Pr 18,136; *Niccolò* J 29,127.

Die 3. pers. sg. pf. der 1. Conjugation, welche bei Brunetto, wie bei den ältesten Dichtern, noch auf *ao* endigt, ist bei Dante stets *ò*. Nur *o* haben ausserdem folgende Wörter: *coda, foce, oca, odo, poco, tesoro, roco, parola, froda, oro, toro.* Nur *au* haben: *auro, cauto, fausto, plaustro, plaude* (verb.) r Pr 19,35, *esausto*.

Eigennamen mit *au*: *Minotauro* J 12,25; *Centauro* J 25,17; *Aglauro* Pg 14,139.

Die Monophthongirung scheint im Toskanischen Regel gewesen zu sein, sie zeigt sich in echt volksthümlichen Wörtern ohne Schwanken. Die Wörter mit *au* sind entweder gelehrt oder von den südlichen Dialekten entlehnt.

VI. Lat. ō, ŭ.

Für *o* erscheint *ū* in *paura (?), tutto, lungo, spugna, dunque (donique** cf. Romanische Forschungen I).

nui r J 9,20 und *vui* r J 5,95 stehen vereinzelt neben den regelrechten *noi, voi. cruna* r J 15,21 r Pg 10,16 r 21,37 neben *corona*. Letzteres findet sich wenigstens 10mal. *agugna* (griech. ἀγών) r J 6,28 neben *agogna* r J 26,9 30,138 Pg 13,66. *muso* (lat. *morsus*), z. B. r J 22,106 25,123 etc. neben *morso. giuso*, auch von Brunetto gebraucht, ist Anbildung an *suso* (cf. Gaspary, Sicilianische Dichterschule pg. 152) oder *ors, urs = ūs?* cf. *morsum = muso*, aber *dorsum = dosso. cuce* Pg 13,71; *ricucia* r Pg 25,139 (lat. *consuere*). *nui* und *vui* werden allgemein als sicilianische Formen angesehn. *corona* und *morso*, welche in der Bedeutung wie in der Form vollständig dem Lateinischen gleich sind, sind wohl gelehrte Wörter. *cruna = corona* ist freilich keine normale Entwicklung. *agugna* und *agogna* scheinen einem fremden Dialekte entlehnt zu sein, da sie in der modernen Sprache nicht vorkommen.

Lat. ŭ. Doppelformen mit *o* und *u*:
sepolcro J 9,115 10,7 Pr 24,126   *sepulcro* r J 7,56
cocolla r Pr 22,77   *cuculla* r Pr 9,78
sepolto r J 9,130 Pg 3,25 31,48; *sepulto* r Pr 17,58
  im Versinnern Pg 12,17

brollo r J 16,30   *brullo* r J 34,60 Pg 14,91
sotto und *sommo* häufig   *sutto* r J 11,26 *summo* J 7,119
foga r Pg 12,103 Pr 12,50; *dis-*   *fuga* r J 31,72 Pg 3,1 14,37
    foga r J 31,71
foga im Versinnern Pg 5,18 31,18   *fuga* im Vers-Innern Pg 13,119
fosco r J 13,4 23,78 28,104   *fusco* r Pr 17,124
condotto r J 5,57 Pg 16,103 32,76   *dedutto* r Pr 13,73 20,58
addotto r J 33,44   *produtto* r Pr 29,33
    condotto im Versinnern Pg   *-utto* steht nur im Reim bei
    13,139 4,29 23,85 30,140   diesem Wort.

Danubio Pr. 8,65 — neben *Danoia* J 32,26 — ist Latinismus.

$\breve{u}$ ist sonst behandelt wie in der Schriftsprache: daher *occulto*, *adulto*, *cruccia* 3. sg. praes., *urlo* subst.; *tumulto*, *turbo*, *vulgo*, *gurge*, *-unque*, in drittletzter Silbe *suddito*, *numero*, *ruvido*, *fulgido*, *dubbio*; die Verba auf *-ungere*, deren Perfekt und Supinum langen Vocal haben (Marx l. c. pg. 39, 45, 57). Diese Verba sind *pungere*, *giungere*, *mungere*. *u* ist in diesen Verben durch Analogiewirkung auch im Präsens etc. erhalten; also $u + n(g) = i + n(g)$.

Brunetto behandelt $\bar{o}$ und $\breve{u}$ im Ganzen, wie die moderne Sprache. Hervorzuheben ist die Form *timolto* (: *molto*), wofür Dante gelehrtes *tumulto* (J 3,28) setzt. Sodann hat Br. die Reimbindung $\bar{o} : \bar{u}$, $\breve{o} : \bar{u}$ (cf. Wiese § 35), in geschlossener Silbe.

VII. Lat. $\bar{u}$.

soso r J 10,45 ist nach Gaspary l. c. dem in der ältesten Sprache vorhandenen *gioso* assimilirt.

lome r J 10,69 entspricht dem romagnolischen *lom* (cf. Mussafia, Die romagnol. Mundart § 50). Guittone d'Arezzo verwandelt oft $\bar{u}$ in *o*, und vereinzelt stehn diese Formen auch bei Dantes Zeitgenossen Cavalcanti und Francesco da Barberino (cf. Caix § 57).

Auch *crojo* [= *crudjus*, cf. Diez, Et. W. II a] ist hierher zu rechnen.

Sonst ist $\bar{u}$ behandelt wie in der modernen Sprache.

y

Es ist behandelt wie in der modernen Sprache. Daher *lonza, grotta, tomba, borsa*, bei welchen Wörtern im Vulgärlatein *u* vorauszusetzen und durch Inschriften bezeugt ist. *giro, Egitto, abisso, Pirro, pira, porfido, lira, martirio, martire, mirra, mirto* zeigen dieselbe Umbildung von griech. *v* zu *i*, wie im Spätlatein.

Unbetonte Vocale.

I. *a.*

a im Anlaut:

1) Aphärese tritt ein: *lena* J 1,22 etc.; *Puglia* J 28,9 Pg 7,126; *Pugliese* J 28,17; *rancio* J 23,10 Pg 2,9; *rena* J 3,30 24,85, sonst *arena; vantaggio* J 16,23 33,124 Pr 26,31 CD; Pr 7,76 D *si vantaggia; mezza ragna* Pg 12,44 C Pr 9,51. Pg 27,105, wo BC *ammiraglio* haben, gegenüber der Lesart der andern Hss., *miraglio*, hat Einsetzung des ersteren für das ursprüngliche aus dem Provenzalischen entlehnte *miraglio* (prov. *miralhs*) stattgefunden.

2) Prothese des *a*: *aringo* Pr 1,108; *ammanto* J 2,27 geht auf das Verb *ammantare* zurück. Es liegt die lat. Präposition *ad* zu Grunde. *alloro* Pr 1,15 erklärt sich aus der Verbindung des Substantivs mit dem Artikel *la loro*. Der Vokal des Artikels wurde zum Substantiv gezogen, als dieses in Folge seiner Endung begann für ein Masculinum angesehen zu werden, also *l'alloro, alloro*.

Die *aringo* (dtsch. *hrinc*) in den andern romanischen Sprachen entsprechenden Formen haben ebenfalls das *a*. Dasselbe entstand offenbar in Folge der für die Romanen schwierigen Aussprache der Consonantengruppe Gutturale Spirans + *r*. Der erste Laut fiel im Romanischen später weg, das französische *harangue* repräsentirt eine Übergangsstufe. Vgl. fz. *hanap* = dtsch. *hnapf*.

a im Inlaut:

Vor der Tonsilbe wird es, wenn es selbst nicht in der ersten Silbe des Wortes steht, zu *e*, und zwar:

1) regelmässig im Futur und Conditional der Verba der 1. Conjugation. Dies *e* fällt aus in *misurrebbe* Pg 10,24; *merrò* Pg 7,47. Cf. im Neutoskanischen *anderò* und *andrò*; Dante hat nur *anderò* Pg 6,52 7,67 Pr 30,144. Die ältesten Dichter haben noch *a* neben *e* (cf. Caix § 5).

2) *comperare* Pr 18,122. *comparata* Pr 23,100 ist, wie die Bedeutung »vergleichen« zeigt, gelehrt. Das moderne Toskanisch hat *comprare*. *Ungaria* (C *Ungheria*) Pr 19,142; *smeraldo* Pg 7,75; *margarita* Pr 6,127 2,34 22,29. In den zwei letzten Stellen hat C *margerita*. *Margherita* Pg 7,128; *bestemmiare* J 3,108; *gennaio*; *baccellier* Pr 24,46 (B *bacciallier*); *stendale* Pg 29,79.

Caix § 5 führt noch *biasmeria* an, Brunetto hat *biastemmare*, aber *margherita*, *guerire*, wo Dante *guarire* hat (J 27,95).

Ausfall des *a*: Zwischen Muta + Liquida in *cetra* Pr 20,22; *scevra* (lt. *separat*) r Pr 16,13 — *Pasife* r Pg 26,41 (lt. *Pasifae*); *Fcton* (lt. *Phaeton*) Pg 4,72 etc. — *Senna* (*Sequana*) r Pr 6,59 r 19,118 geht aus von fz. *Seine*.

a = *o*: *notando* J 16,131 und durch den Einfluss der stammbetonten Formen *nuotando* J 17,115. — *soddisfare* Pg 6,39 11,71 Pr 5,63 in der Hs. B. Vielleicht Umdeutung in das Präfix *so* = *sub*? *satisfare* ist häufig.

a = *i*: *monistero* Pg 18,122; *beninanza* Pr 7,143 20,99. Brunetto hat *benananza* (cf. Wiese § 5). Guittone: *smiraldo*, *firagio* (cf. Caix § 5).

a ist eingeschoben: *scalappiare* Pg 21,77 (lt. *capulum*, *clap*-; cf. Caix: *Saggio* pg. 127). Das Wort muss in das Toskanische eingedrungen sein, als Muta + *l* schon Muta + *i* geworden war.

a im Auslaut:

a = *o*: *contro* (nach *entro* etc. gebildet) Pg 1,40 (B *contra*); Pr 32,136 (A *contra*); Pr 32,133; Pr 4,101 (BCD *contra*). *contra* ist bei weitem häufiger; es steht i. R. J 22,34.

a = *e*: *oltre* (nach *mentre* etc. gebildet) ist sehr häufig. *oltra* nur J 11,115 (C — e) Pg 14,33; *Fiorenza* ist Regel. Die moderne Form *Firenza* nur Pr 15,47 16,84.111 in A; *unque*, *dunque* — *unque*.

Bei den ältesten Dichtern sind vorherrschend *contra*, *oltra*, weniger *unqua*, *dunqua* (cf. Caix § 7). Brunetto schrieb *Fiorenza*, *contra*, vorherrschend *oltre*, *unque*, *dunque*; nur 1mal ist *unqua oltra* belegt, 1mal auch *ancone* im Reim zu *regione*.

Apokope des *a*: *ca* (lt. *casa*) J 15,54. Das Wort ist offenbar einem fremden Dialekte, vielleicht dem Romagnolischen, entlehnt; wenigstens wird es dort, wie aus den Proben bei Biondelli, »Saggio sui dialetti galloitalici« pg. 224 ff. ersichtlich ist, in derselben Bedeutung »nach Hause« gebraucht.

II. e.

e im Anlaut:

Aphärese ist eingetreten bei *chiesa*, *rame*, *saggio*, *scialbo* (*ex-albatus*), *sciancato* (*ex-ancatus**), *sciaurato*, *spendio*, *state* (*aestatem*). Bei manchen Wörtern schwankt hinter Vocalauslaut der Gebrauch: *stremo* sehr häufig, daneben *allo estremo* (BC *stremo*) Pg 22,121 Pr 19,41; *nell' estreme* Pr 30,117; *l'estrema* Pr 12,21.

quindi stinghe Pg 1,96; *si estinse* Pr 30,13 23,53.

si stingeva J 14,36; *ch'estinti* Pg 12,122.

bene estimo Pr 1,136, aber *non estima* Pg 33,61 (B *istima*); Pr 26,75; *l'estimativa* (BC *la stimativa*), aber *ed estima* J 24,25 (B *istima*); *io estimo* J 29,35 (BCD *io stimo*). Dagegen Pr 3,60 *puelle stimando*, 5,102 *lo stimin*. Nur 1mal hinter Cons. Pr 24,18 *facean stimar*.

Escusar am Anfang des Verses Pr 14,136; *per escusar* Pr 14,137 (B *iscusar*), aber *non scuse* Pg 15,130; *degna scusa* Pg 10,6.

è sperto (BCD *è esperto*) Pr 25,65 neben *esperto*, z. B. J 26,98 *mondo esperto*; J 31,91 *esser esperto*; Pg 1,132 *poscia esperto*; Pg 2,62 *siamo esperti*.

Pr 20,5 *lochi spediti*; 17,10 *mostrò spedita*; J 26,18 *si spedia*; dagegen Pr 30,37 *d'espedito* (BD *di spedito*).

Meist also bei s impurum, was sich aus der *e*-Prothese bei *s + cons* erklärt.

retaggio Pg 16,131 7,120; aber *erede* nach tonlosem Vocal Pg 7,118 Pr 11,112 J 31,116; *sè erède* Pg 14,90 (A₂BCD *reda*); *il Vanjelista* J 19,106; *lo Vangelio* Pr 29,96; *lo Evangelio* Pg 22,154 (B *lo Vangelio*); *l'Evangelio* Pr 9,133 24,137 29,114.

        e im Inlaut:

e = a: Das Futurum von *essere* hat stets *a*; bei Brun. kommt noch 2mal *e* vor (cf. Wiese § 19). Auch die ältesten Dichter haben noch *e*, wenn auch seltener als *a* (cf. Caix § 23).

Dante: *asciutto* (*exsuctus*); *assagiare* (*exagium*) Pg 2,54; *condannato* Pg 15,105 (assimilirt an das Primitiv *dannare*); *giovane* Pg 27,97 Pr 24,126; aber *giovinetto, giovinezza*. Caix §§ 23, 24 führt noch an: *raina* bei Guittone; *guiderdone* und *guidardone* aus dem Französ.; *condemnato*, entsprechend dem dem Provenzalischen; *giovane* neben *giovene*. *consecrato* und *consacrato*; Dante hat *consecrato* Pr 21,110.

Arrigo (*Henricus*), *tanaglie* J 29,87; *Sanese* (B *Senese*) J 29,134 Pg 13,106 (BD *Sen.*)

e = i: In der ersten Silbe. Die Präfixe *de-, re-* treten teils mit *e*, teils mit *i* auf. Letztere Form ist bei weitem vorherrschend. Im Ganzen sind sie in derselben Weise angewendet wie in der modernen Sprache. Die wenigen Abweichungen sind folgende: Dante hat *e*, wo jetzt *i* steht, in *depende* Pr 28,42; *retro(r)so* J 20,39 Pr 22,94. Daneben auch schon *ritrorso* Pg 10,123 Pr 16,153 32,132. *refulgo* Pr 9,32; daneben *rifulgo* Pr 9,62 26,78 27,95. Umgekehrt steht jetzt *e*, wo Dante auch *i* hat: *desiderio* Pr 33,48 J 2,136; *desideroso* J 10,43 Pr 2,2; *desiderato* Pr 1,77 3,65; *desiderai* Pr 26,120; *desidera* Pr 27,135 J 30,137; *desiava* J 30,138; *desiro* J 5,120 10,6; dagegen *disiderio* Pg 15,53; *disideroso* Pg 20,146; *disiri* J 15,49. Jetzt ungebräuchlich ist auch *dimandare* J 3,96 4,31 19,6 15,79 2,97; daneben *domandare*, cf. unten.

Brunetto bevorzugt ebenfalls *di-, ri-*; doch gebraucht er auch *de-, re-* (cf. Wiese § 12). Ebenso haben die ältesten Dichter beide Formen, wenn auch vielleicht die *i*-Form noch nicht so häufig ist (cf. Caix §§ 18, 19). . Guittone hat seinem heimatlichen Dialekt entsprechend *e*.

e in der ersten Silbe ist bei Dante noch erhalten in *leale, leone, leoncino, leonessa, sepulcro, questione, beato, creare, creatore, creatura, demonio* häufig, nur 1mal *dimoni* (J 22,13), neben *signore*, 1mal *seniori* Pg 29,83; Pg 24,99 CD *marescalchi*, AB *maliscalchi*; Pr 16,75 A: *Senogallia*, die übrigen Hss. *Sinigaglia*; *encostro* in A Pg 26,114 Pr 19,8; die übrigen Hss. *inchiostro*; *eguale*, 1mal *iguale* Pr 15,77 und 1mal *ugualmente* J 7,76. Brunetto hat ausser *leone, creare* auch *neuno, neente, sengnore, pregione*, wo Dante *i* hat; dagegen *i* in *biltà* und neben *mene, tene* auch *mine, tine, iguale*.

i steht bei Dante in der Anfangssilbe noch in folgenden Wörtern besonders vor oder nach Palatalconsonant: *misura, sicuro, sicurtà, cimitero, ginocchio, finestra, migliore, prigione, gittare, gittatore, cilestro, Vincislao, timone, impiastro*.

e = *i* in der Mitte: *Vincislao, giovinetto, giovinetta, giovinezza, lusingare, cimitero, ubbidire*, 1mal *obbediendo* (Pr 7,99), *Lancilotto* J 5,128; *continenza* Pr 33,117; *incontinenza* J 11,82.

Brunetto: *ubidire*, aber *Lancialotto*; ausserdem *commiato, alimento* (lt. *elementum?*).

Die ältesten Dichter: *ubidire* (Guittone: *ubedir, Lancelotto, lozengieri), gioven* (cf. Caix § 20).

e = *i* im Auslaut:

Pronomina *egli, quegli*, cf. Gröber, Rom. Zs. II; *questi*; Adverbia *tardi, lungi*; *Siratti* (lt. *Soracte*) J 27,95; *ogni*. Die ältesten Dichter haben danebendie Form mit -*e*; bei Brunetto ist nur *ongne* gesichert. cf. Gröber l. c.

Neben [*d*]*avanti* steht im Reim auch [*d*]*avante*. *dieci*, daneben *diece* Pg 33,43 und im Reim J 25,33 29,118 Pg 33,43 Pr 6,138; neben *pari* Pg 29,135 r Pr 14,67 und öfter, 1mal *pare* (r Pr 13,89). Dagegen stets *mane, dimane*, z. B. J 34,105 Pr 1,13 J 33,37 etc.

e = o durch den Einfluss des folgenden Labials: *dovere, domandare* J 22,47 27,98 32,92; daneben *dimandare*, cf. oben; *romita*.

Brunetto: *domandare*, 1mal *dim.* (cf. Wiese § 17).

Die ältesten Dichter schwanken zwischen *e, i, o* (cf. Caix §§ 25, 26). Auch *sodurre* (Dante *sedurre*) wird geschrieben. Anbildung an *so = sub*.

e = u: *ubbidire, ugualmente* (1mal neben *egualm.*).

uscire Pr 24,20 (A: *escire*) steht unter dem Einfluss von *uscio = ostium*.

Caix § 26 erwähnt auch *oscire, oguale*.

e = ie, indem der in Folge der Betonung diphthongirte Vocal der Stammsilbe auch in den endungsbetonten Ableitungen beibehalten ist.

fieramente J 10,46 Pg 19,29; *Fiesolane* J 15,73; *lievemente* J 31,142 Pr 21,116; *chiedea* Pg 8,9; *chiedesti* Pr 24,129; *impietrato* Pg 33,74; *lietamente* Pr 9,34.

Caix § 27 *bieltà, bealtà*. Auch hat Brunetto *biltà*. Das Wort ist bei Dante nicht belegt.

Ausfall des *e*. Es ist erhalten vor *r* in *dicere* J 28,2 Pg 13,83 15,82 25,15 30,46 Pr 11,24; daher auch *dicerò* J 3,45 Pg 28,88 Pr 28,62; *dicerei* J 16,17. Daneben steht nach Bedürfniss des Verses *dire* J 3,80. 129 4,147; *dirò* J 2,9 2,50. 86; *diria* Pg 12,111 und öfter. — *producerebbe* Pr 8,107; *conducerlo* Pg 1,69.

Ebenso *averebbe* J 13,49 Pg 30,117; *averian* J 19,27 31,64; dagegen *avrà* J 1,89; *avrei* J 3,56 (BC *averei*); *avria* J 32,30 Pg 8,81 *vederai* J 14,120 Pr 5,112 22,93 28,76 30,43; dagegen öfter *vedrai* J 1,118 3,17 5,76 31,25 10,33 13,20 Pg 6,55 Pr 1,25 etc. *sederai* J 17,69; *sederà* Pr 30,136.

sofferir Pg 3,31; *sofferia* Pg 13,59; *sofferie* Pr 16,10; dagegen *soffrire* Pr 7,25 19,123.

temperato J 15,103; *temperanza* Pg 30,26 Pr 5,135; *temperasse* Pr 21,10; *temperare* Pr 22,145; aber *temprando* Pr 18,3, *operazion* Pg 17,105; *operare* Pg 18,15. 52 19,22 23,93; *operando* Pr 13,77 18,59; *operante* Pg 28,15 Pr 7,107; dagegen *oprare* Pg 27,108; *opra* Pr 7,106. — *conducere* Pg 1,69; *condurre* Pg 13,18; *ridurlasi alla* Pr 23,51 (B *riducerlasi alla*); *offerere* Pr 13,140; *togliere* J 10,92; *torre* J 8,6: *porsi (pórrexi)* J 12,18 Pg 1,127; *erta (erecta)* J 1,31; *scelsi (selexi)* J 14,100.

bestemmiavano J 3,103; *bestemmiando* J 11,47; *bestemmiava* J 32,86; dagegen *biasmerebbe* Pr 23,66; *biasmo* Pr 4,59 Pg 18,60 J 7,93 5,57.

desiderare, desiare etc. cf. oben.

e nach Liquiden in Compositis von *bene*: *benchè* Pr 2,103 25,138; *benvoglienza* Pg 22,16; dagegen vom Lateinischen beeinflusst *benedetto*, Ortsname *Benevento*.

Ebenso *malmenare* Pr 19,143; *malvagio*; aber *maledizion* Pg 3,133; *maledetto*.

similemente J 3,115 7,77 13,112 Pg 10,61 Pr 13,77; *similmente* J 18,81; Pr 26,100.

umilemente Pg 9,108; *umilmente* Pg 3,109 7,14 Pr 22,90 29,93.

agevolemente Pg 12,93; *debilemente* Pg 17,6; *fertilemente* Pr 21,119; *egualemente* Pr 4,26; *egualmente* Pr 2,105 28,69; *ugualmente* J 7,76.

e nach Liquiden fällt stets aus bei Anwendung der Affissi.

In Bezug auf den Ausfall des *e* stimmt Dante mit Brunetto und den ältesten Dichtern im ganzen überein (cf. Wiese § 58, Caix § 102).

Apocope des *e*: *e* nach *l, r, n* fällt bei folgendem consonantischen Anlaut ab nach Bedürfniss des Verses. Ausgenommen ist das Plural-*e* der Nomina der 1. Declination.

Die lateinischen Nominalendungen -*atem*, -*utem*, -*edem* treten auf als -*ate*, -*ade*, -*ute*, *ude*, -*ede* und mit Abfall der Endsilbe -*à*, -*ù*, -*è*. Die Formen mit weiblicher Endung treten hauptsächlich im Reim auf, aber auch im Innern des Verses selbst vor Consonantanlaut, z. B. Pg 16,59 *D'ogni virtute, come* etc.

e in der Endung des Nomen ist abgefallen in *rè*, z. B. J 4,58.125 19,87 etc. und hinter Vocal: *grù* J 5,46 Pg 24,46; ferner in *dì*, z. B. J 25,80 33,65.67 etc., daneben seltener *die* r Pg 30,103 r Pr 7,112; r Pr 16,8 *(di die in die)*. Lat. *grandis = gran*, wenn es vor dem Substantiv steht, zu welchem es Attribut ist, dagegen *grande*, wenn es nachsteht.

Über Apocope in der Conjugation cf. unten.

Epithese des *e*: Sie kommt fast nur im Reim vor und nur bei einsilbigen Voci tronche:

tue r Pg 16,26 29,85 Pr 1,19.
sue r Pg 16,30 Pg 4,47 8,23.
sie r Pg 23,8.
tree r Pr 28,119.
ee (= è, lt. *est)* r J 24,90 Pr 32,10 Pr 28,123.
fee (= fece, fè) r Pg 32,12.

III. *i.*

1) *i* im Anlaut.

Aphäresis ist eingetreten in *nimico, verno, vernare, rondinello (hirundo), nello (in + ille), vi, là, lì, desso (id-ipsum,* cf. Diez, Et. W. IIa; Gröber: *idem-ipse)*; neben häufigerem *imaginare* steht *nel' maginare* J 31,24.

Vor *s* + Consonanz tritt Aphärese ein in *storia, strumento, stesso, Scariotto, Spagna*. Daneben *agl' Ispani* Pr 29,101; Eigenname *Pietro Ispano* Pr 12,134 wegen Gleichheit der Vocale (CD *Pietro Spano); stamane* Pg 8,59. 92.

Prothese des *i* (cf. Gröber, l. c.):
Folgende Fälle haben sich als Rest der ursprünglich fiixirten *i*-Prothese erhalten: *Iscotendo* J 14,42; *tu|iscorta* Pg 4,125; *diventai|ismorto* Pg 9,41; *Iscoglio* J 21,107; *O|isplendor* Pg 31,139 Pr 30,97; *vero isfavillar* Pr 14,76; *te ismarrita* Pr 26,9 A.

Nach consonantischem Auslaut steht *i*: *non isperate* J 3,85; *ed isquatra* J 6,18; *con istrano* J 22,9; *in Ispagna* Pg 18,102;

ed iscegliendo Pg 28,41; *per iscorta* Pg 33,107; *con istinto* Pr 1,114; *con iscede* Pr 29,115.

Dagegen fehlt *i* nach consonantischem Auslaut an folgenden Stellen: J 18,69 *un scoglio*; *un spirto* J 29,20; *un splendor* Pg 32,71.

i vor andern Consonanten als *s* + Consonanz in *Iddio* J 3,103 Pr 24,130; *ignudo* J 3,65 7,111 18,25.

Ausfall des *i*:

i zwischen Muta und Liquida in der vor- oder nachtonigen Silbe stehend, fällt bisweilen aus:

nobiltà Pr 16,1; aber *nobilitate* J 2,9 Pr 7,78; *nobilitasti* Pr 33,5. *soldo, sodo,* 1mal *solido* Pr 3,22.

merta Pg 17,105; *mertai* Pg 21,90; *merto* (subst.) kommt oft vor. Daneben auch *merito* Pg 7,19 Pr 32,42; *meritai* J 26,80. 81; *meritorio* Pr 29,65. — *spirito* und *spirto* sind beide häufig. *corcare*, aus dem heute gebräuchlichen *coricare* entstanden, Pg 17,9 r J 17,30 r Pg 27,68 (cf. sicil. *curcari*). *carcare, carco. cherco* J 7,38. 46 15,106 18,117; *varcare* J 23,135 24,68 etc.

Ausfall des *i* findet ferner statt in der Endung *-esimus*, daher Pr 24,106 *battesmo*; r J 4,35 Pg 22,89 etc.; *Christianesmo* r J 4,37; *medesmo* r J 4,39 8,63 etc., *millesmo* Pr 20,129 Pr 23,58; *centesmo* Pg 22,93 Pr 24,108 27,143. Nur 1mal, Pr 9,40, ist *i* erhalten in *centesimo*.

i zwischen *s* und *t*: Häufig findet sich *posto*, daneben gelehrtes *opposito* J 7,32 Pg 2,4 8,32 15,17; *proposito* Pr 25,126; *tosco (toxicum)* J 13,6 Pg 25,132; *desta* J 4,3; *cascata* J 12,36; aber *visitare*.

Im Suffix *tic* ist *i* erhalten in *salvatico, eretico* Pr 4,69 12,100 Pg 26,69 29,5; sonst entstand daraus [*g*]*gi*: *visaggio* r J 16,25; *minugio* r J 28,25; *retaggio* Pg 7,120; *viaggio* J 1,91; *selvaggio* J 1,93; *pancia* J 25,52.

dic: Neben *giudicare* 1mal, r Pr 20,48, *giuggiare*. *vendicare* Pg 15,100 Pg 21,83 J 29,32; *vengiare* J 9,54 26,34 Pr 7,51; *predicante* Pr 29,96; *medicina* Pr 20,141.

Die verkürzten Formen sind provenzalischen Ursprungs (cf. Gaspary, Sicil. Dichterschule pg. 206).

i zwischen Dentalen: *netto* Pg 3,8 30,53; *nitido* Pr 3,11; *diretata, retaggio*. Belegstellen siehe bei tonlosem *e*. *vedestŭ (= vedesti tu)* J 8,107. *i* ist erhalten in *traditor* J 32,110; *beatitudo* Pr 18,112. Die Wörter mit erhaltenem *i* sind gelehrten Ursprungs.

i zwischen Labial und Dental ist ausgefallen in *ratto* J 3,53 Pg 2,17; *dotta* J 31,10 (cf. provenzal. *doptar, dotar*), erhalten in den gelehrten Wörtern *debito, abito, subito, dubitare, cupido, cupidigia, gravido*.

i zwischen Labial und Guttural: *augello*, aber *navigare*.

i zwischen Guttural und Dental ist ausgefallen: *freddo*; *coto* Pr 3,26 r J 31,77; *dito (digitus), cinquanta, sessanta* J 10,79 21,113; neben *sozzo* J 6,100 7,53 17,7 etc. 1mal J 8,10 *sucido*, gelehrt wie *tacito* J 23,1 Pg 8,23 etc. *cogitazione* J 15,129.

i in der Verbindung $n+i+m$ ist ausgefallen in *alma* Pr 2,133 4,52 32,110 etc., 1mal (J 3,35) gelehrtes *anima*. *magnanimo* J 2,44; *i* ist erhalten in gelehrtem *animale, proponimento* Pg 10,107; *umile*; *nimico* nach *amico*.

$m+i+n$: *donna*, aber *uomini, femmina, femminetta, femminile*.

Der Ausfall des *i* ist bei Dante nicht so häufig wie bei den ältesten Dichtern. Dante hat offenbar mehr gelehrte Wörter. Daher ist in den Abstractis auf -*itas* das *i* fast durchweg erhalten; das einzige *nobiltà* ist oben schon erwähnt; es gehören hierher: *qualità, vanità, carità, chiarità, verità, mortalità, necessità* etc., wo die Vorgänger Dante's meistens das *i* ausstiessen. Ferner stehn neben den verkürzten Formen, welche teilweise aus dem Provenzalischen entlehnt sind, wie *giuggiare, vengiare*, solche mit erhaltenem *i*, also *giudicare, vendicare*; *merito, merto*; *spirito* und *spirto*, *diritto* und *dritto* etc. *i* ist eingeschoben in *biasimo* J 11,84; sonst *biasmo*, z. B. J 7,93 J 5,57 Pg 18,60; *biasmare* Pr 23,66 (cf. Caix §§ 103.).

Apokope des *i*: In der Verbindung Präposition + Artikel schwindet *i* oft vor Consonant; so entstehn *a', de', co', da tra', ne'*; ferner *e'* aus *ei* (= *ille*), z. B. *e' par* J 10,97 *ei pareva* J 27,12; ebenso *que'* J 8,115, immer vor cons. Anlaut.

In der Conjugation schwindet *i* z. B. in der 1. Pers. sg. des Perfects und 2. Pers. sg. des Präsens und Futurums vor enklitischen Wörtern mit cons. Anlaut, z. B. *ricordera' ti* J 28,106 *rende' le* J 14,3 *leva' mi* J 24,58 *tu se' cosi* Pg 3,104; im Imperativ *acco' lo* (= *accogli lo*) Pg 14,6 *ve' che* (= *vedi che*) Pg 5,4..

Im Nom. Pluralis: *i suo' passi* Pg 29,10.

ma' che (= *mai*, It. *magis*) Pr 22,17; *me'* (= *mei, meglio*) Pg 12,68 J 32,15 14,36.

i ist hinzugesetzt in der Mitte des Wortes in *biasimare* (cf. oben), *chioma, inchiostro* (ἔγκαυστον) Pg 26,114 (AB *incostro*); Pr 19,8 (A *encostro*, BC *incostro*); *incostro* ist altmäiländisch und von Bonvesin gebraucht (cf. Diez, E. W. I). — *Galieno* J 4,143; *rifiuto* J 3,60; *schiuma* J 9,74 24,51 Pg 13,88; Svarabhakti liegt vor in *Inghilese* Pr 19,122; *Inghilterra* Pg 7,131.

Im Auslaut ist *i* hinzugesetzt des Reimes wegen: *Minoi* r Pr 13,14; *ancoi* r Pg 13,53 r 33,96 r 20,70, sonst *anco*; *trei* r J 16,21, sonst *tre*; ausserdem *volontieri* J 1,55; 5,73 Pg 12,10 [aus *voluntarie*?]; *mestieri*.

i = *a*: *Agobbio* (*Iguvium*) Pg 11,80; *Rubaconte* Pg 12,102; allgemein romanisch *salvatico* Pg 26,69 29,5 (A: *selvatico*); *maraviglia* oft, 1mal (J 18,135) *meraviglia*, welches in der modernen Sprache allein üblich ist. Brunetto hat ebenfalls *maraviglia*.

i = *o* unter Einfluss von Labialen: *somigliare* Pg 14,138. Pr 32,86; daneben *assimigliare* Pr 21,141 (D: *assomigliare*); *nuvola, nuvolo, nuvoletto*, z. B. Pg 5,39 14,135 J 26,39 24,146 etc. cf. Caix § 41; Brunetto § 25; ebenso im Suffix -*evole* (-*ebilis*), z. B. *fievole* J 24,64.

i = *u*: *fucina* (*officina*) J 14,56; mit Umdeutung der ersten

Silbe in *su (sub)*: *suggello* J 19,21 Pg 33,79 Pr 2,132 8,127 13,75. Daneben *sigillo, sigillare*.

ruscello, ruscelletto J 7,107 14,79 30,64 (cf. Förster in der Zts. f. R. Phil. V, 96 und Gröber, Caix-Canello Album pg. 18 f.); *lumaccia* J 25,133.

i = e: *nemico* J 3,63 6,115.˜ *nimico* ist häufiger. *Modena* Pr 6,75 (CD: *Modona*, die mailändische Form, cf. Salvioni pg. 125; A hat die lat. Form *Mutyna)*. Analogischer Einfluss hatte statt bei *selvaggio* J 1,5.93; *empiere* Pr 7,121 32,39; *enfiato* J 7,7 30,119; *entrare*, z. B. Pr 10,41 J 5,20 14,45 etc. *provedenza* Pr 17,109, sonst *provvidenza* (J 23,55 Pr 1,121 8,99 11,28 27,16); *mestieri*. Im Auslaut wird *i* zu *e* in *dove, fuore* nur im Reim, z. B. Pg 3,138 22,12 Pr 1,118 etc., ebenso *fuori* J 22,26 Pg 7,84 Pr 5,101. Die Beispiele aus der Flexion siehe unten.

IV. *o*.

1) Aphärese ist eingetreten bei *spedale, cagione, fucina, lezzo* J 10,136 (dagegen *ed olezza* Pg 24,146); *scuro* J 16,130 31,37 32,16 Pg 11,139 Pr 6,85 11,65 hinter Vocalauslaut. Häufiger findet sich *oscuro*.

2) Ausfall des *o*: *onrato* J 2,47 4,76 Pg 8,128; *onrevol* J 4,72; *onranza* J 4,74 26,6; dagegen *onorato* J 16,59 Pr 16,139; *ono- rate* J 4,80; *onoravamo* Pr 8,7. − *cruna* J 15,21 Pg 10,16 21,37. Häufig steht daneben *corona, coronare*. Neben *crollo, crollare* steht 2mal gelehrtes *corollario* Pg 28,136 Pr 8,138. Neben *oriuolo* Pr 24,13 gelehrtes *orologio* Pr 10,134. Dieses sowie *corollario* sind gelehrte Wörter.

rimembrare Pr 30,26; *rimemorare* Pr 29,81; *masnada* J 15,41 Pg 2,130; sard. *masonada*, sicil. *masunata*, cf. Caix, Saggio sui dial. it.

o ist erhalten in Ableitungen: *amoroso, doloroso, scolorare*, und in fremden Wörtern: *filosofando* Pr 29,86.

Die ältesten Dichter haben ebenfalls *onrato, onranza* etc., *rimembrare*, dazu *barnagio* (prov. *barnatge*, cf. Caix § 101). Brunetto hat *orratamente, barnagio, disnore*. (cf. Wiese § 57).

Die synkopirten Formen der 3. plur. perf., wie *furno, dierno, amarno*, finden sich auch bei Dante, wiewohl vereinzelt (cf. unter Verbum). Wie in *violenza* ist *o* bei Dante noch erhalten in *Fiorenza (Florentia)*. Nur A hat die moderne *Firenze* Pr 15,47 16,84.111.

3) Apokope des *o*: Nach *r, l, n, m* in Wörtern mit dem Ton auf der vorletzten Silbe kann *o* abfallen. Dasselbe gilt für die Vorgänger Dantes (cf. Caix und Wiese a. a. O.).

ver vor Consonant steht oft neben *verso*.

Nur vor Cons.: *mo* (= *modo*), Adverb, J 23,7 27,20 Pr 4,32 und noch oft; *fi'* (= *figlio*) Pr 11,89; *vo* (= *voglio*) J 32,109 Pg 19,139 etc. *mei* (= *meglio*) Pg 22,74; *me'* Pg 12,68 J 14,36 32,15; cf. Caix *san* (= *santo*): San Pietro J 1,134 19,91 31,59; San Leo Pg 4,25; San Giovanni J 19,17; Sanvittore Pr 12,133. Dagegen *santo* Pietro J 18,32.

4) Epithese des *o* findet statt in der 3. pers. sg. perf. (cf. unter Verbum, Perfectum).

Epithese von *o* im Inlaut (Svarabhatki) in *sufolare* J 22,74 25,137. Das Wort ist entlehnt, die toskanische Form ist *soffiare* J 13,91.138 23,113 etc.

5) *o* = *u*: *lungamente, lunghesso, lunghezza, scuriada* J 18,65; *ubbidire*; daneben *obbediendo* Pr 7,99.100; *uccidere* J 1,96 11,55; *pulito* Pg 9,95; *ricucire* Pg 25,139. Im Hiat wird *o* zu *u* in *quatto (coactus)* J 21,89; *acquattare* J 21,59; *Buemme* Pr 19,125.

Schwankend sind folgende Wörter:

offizio J 13,62 22,86 und noch häufig;	*ufficio* J 12,89; *ufizio* J 5,18;
olivo Pg 2,70 30,31	*ulivo* Pr 21,115;
Corrado Pg 8,65.118 16,124 Pr 15,139 in A;	BCD haben *Currado*;
Roberto Pr 18,48 in A;	BCD „ *Ruberto*;
Joseppo J 30,97;	B: *Giuseppo*.

Die ältesten Dichter haben *u* in *ubidire* und den Ableitungen von *lungo*, mit Ausnahme von Guittone, welcher überall *o* bewahrt; dagegen *oblitare* mit *o* und *u*; Dante hat stets *o*; *curruciare*, vielleicht auch *jocare*. Brunetto hat ebenfalls *lungiamente*, *ubidire*, dagegen *obliare* und *giocare* auch mit *u* (cf. Caix § 50, Wiese § 30). *giocare* ist nicht belegt in der D.C.

6) *o = au, a*: Der Übergang von *o* zu *au* und weiter zu *a* ist nicht belegt bei Brunetto und Dante, häufig bei den ältesten Dichtern (cf. Caix § 51):

o = a bei Brunetto nur in *Attaviano*, bei Dante in *Tamiri* Pg 12,56. *ancidore* J 5,61 Pg 14,62 etc. (etwa 10mal vorkommend) ist auf *abcidere* zurückzuführen (cf. Gröber, Archiv für lat. Lexikographie a. a. O.). Nach Caix § 71 ist die Entwicklung *occidere, aucidere, alcidere, ancidere*.

7) *o = i*: *Siratti* J 27,95; *sirocchia* Pg 4,111 21,28; *ritondo* Pg 14,2. Sonst *tondo* J 14,24 18,7 etc.

Bei *ritondo*, welches auch Brunetto hat, liegt [nach Wiese § 31] Verwechslung mit dem Präfix *ri-* vor. Caix § 52 führt an *dominio (dominium), inorare, disinore*.

8) *o = e*: *albero* J 7,14 etc. steht neben *arbore*, ebenso bei Brunetto und den ältesten Dichtern.

Im Auslaut wird *o* zu *e* in *come*, daneben noch *como* r J 24,112 r Pg 23,36 vielleicht eben nur des Reimes wegen. — *anco* und *anche* sind gebraucht sowohl im Reim wie im Innern des Verses.

Brunetto hat *como* 1mal im Reim, sonst *come* (cf. Wiese § 32).

Der Übergang von *o* zu *e* im Nomen, der bei den ältesten Dichtern schon vorhanden ist (cf. Caix § 54) ist auch bei Dante (siehe unter Nomen).

o = uo: Wie für unbetontes *e* *ie* steht, so für *o* *uo* durch Einwirkung der stammbetonten Formen: *suonando* Pg 10,4; *suonar* Pg 28,108; *tuonar* Pg 15,138.

V. u.

Ausfall des *u* hat stattgefunden in der Vor- und Nachtonsilbe besonders vor *l*, meist in denselben Wörtern wie in der Schriftsprache; es ist deshalb unnötig, dieselben alle aufzuzählen. Hervorzuheben sind: *periclo* Pr 8,1 reimend mit *epiciclo*. Das Wort, nur an dieser Stelle auftretend — die gewöhnliche Form ist *periglio* — scheint eine Contraction aus *pericolo*, der jetzt allein gebräuchlichen Form, zu sein und nur des Reimes wegen gebildet. *aitare* Pg 11,34 neben *aiutate* J 2,7; *aiuto* Pr 10,105; *aiutarmi* Pr 23,58.

Neben *specchio*, *speglio* Pg 15,16 Pr 30,85 1mal *speculo* Pr 29,144. Manche Wörter kommen in verkürzter Form, d. h. mit ausgefallenem *u* und mit erhaltenem *u* vor, zugleich aber mit verschiedener Bedeutung:

miraglio »Spiegel« Pg 27,105; *miracolo* »Wunder« Pr 18,63 24,107. *mattino*, subst., »Morgen, Osten«; *mattutino*, adjectiv, »früh«, Pg 1,115 12,91 Pr 32,108 Pg 2,13 J 1,37 26,7 etc.

cerchiare (von *cerchio* »Kreis«) Pg 14,1 19,69 etc. »im Kreise gehen, umgeben«; *circulare* Pr 13,21 23,69 »umdrehen«; *circulare*, adj., »kreisförmig« Pr 8,127 30,103; *semicircolo* »Halbkreis« Pr 32,26.

u ist als *u* erhalten in Wörtern, welche jetzt *o* haben: *maculato* J 1,33 29,75; *singulare* Pg 8,67; *sepulcrale* Pg 21,7 33,65; *veiculo* Pg 32,119; *caniculare* J 25,80; *articulare* Pg 25,69.

u und *o* in demselben Wort: *fulgóre* Pr 14,55 18,25 25,84 etc.; *folgóre* 1mal Pr 5,108. Ersteres ist die moderne Form.

cuculla r Pr 9,78; *cocolla* r Pr 22,97. Modern ist *cocolla*. *circuncinto* Pr 28,28; sonst *circon-*, z. B. *circondare* J 31,42; *circonferenza* Pr 12,113; *circonscrivere* Pr 30,66. *circon-* ist modern.

Das Präfix *sub-* erscheint mit *u* in *succedere*, *sufficiente*, *sustanzia*, *sustanziale*, *sussistenza*, *suspizione*, *suggetto* (modern *soggetto*); mit *o* in *sorridere*, *sospirare*, *soffiare*, *sottile*, *soggiacere*, *sostenere*.

Sonst ist *u* erhalten oder zu *o* geworden wie in der Schriftsprache.

Brunetto hat bisweilen *o*, wo Dante *u* hat, so in *soficiente, omore, nodrir, prodenza, usoriere* (cf. Wiese §§ 36. 37), ebenso die ältesten Dichter (cf. Caix § 61). *o* ist häufig bei Guittone.

u = *i* im Eigennamen *Ridolfo* (A *Rodolfo*) Pg 7,94 Pr 8,72.

u = *e* in *volentieri* nach dem Part. Prät. von *volere* J 5,73 18,52 Pg 12,10 etc. Daneben *volontieri* J 1,55 Pr 6,48.

u im Hiat ist behandelt wie in der Schriftsprache. Es ist also:

1) erhalten in den Perfectis auf *ui*:
    a. dem vorhergehenden Consonanten assimilirt, z. B. *tenni, volli, ebbi* etc., *seppi, conobbi*;
    b. consonantirt, indem es den *v*-Laut erhielt, z. B. *piacqui, nacqui, apparvi, dolvi* etc.; *belvar* Pg 14,62; *eccum* + Vocal: *nocque* r J 20,128;
2) erhalten als *o* durch Einschub eines hiattilgenden labialen Spiranten *v* in *Mantova* J 20,93 Pg 6,72; *Mantovano* J 1,69 2,58 etc.; *Padova* Pr 9,46; *Padovano* J 15,7 17,70; *rovina* J 12,32; *rovinare* J 1,61; daneben *ruina* J 24,24 Pg 12,55 etc.; *ruinare* J 20,35 33,133 etc.; *Genovese* J 33,151; *vedovo* Pg 1,26;
3) erhalten als *o* ohne Einfügung eines Consonanten in *soave*, z. B. J 2,56 4,114;
4) assimilirt oder ausgefallen in *gennajo, maniera, spiritale, quatto, battaglia, battere, brina*;
5) unverändert als *u* erhalten in den gelehrten Wörtern *abituato, annuale, circuir, gratuito, mutuo, impetuoso, continuamente, affettuoso, attribuire, perpetuo, perpetualmente, virtualmente*.

VI. *y*.

Es ist überall zu *i* geworden, ausser in *Erine* r J 9,45, wo es ausfiel.

VII. au.

1) Aphärese ist eingetreten in *rezzo* J 17,87 32,75. Der Abfall wird erst stattgefunden haben, nachdem *au* zu *o* geworden war.

2) *au = a*: *sciagurato* J 3,64 22,44; *ascoltare* J 4,25 etc.; *agosto* »Monat August« r Pg 5,39; *agosta* (C *augusta*) »die kaiserliche Würde« r Pr 30,136.
Dagegen die Eigennamen lauten *Augustino* (BC: *Agustino*) Pr 10,120 12,130 32,35; *Augusto* J 1,71 13,68 Pg 29,116 (BCD: *Agusto*); *Augusta* Pr 32,119 (B: *Agusta*).

3) *au = u*: *uccello* J 17,128 Pg 17,20; *uccellino* Pg 23,3; *uccellatoio* Pr 15,110 etc.; seltner daneben *augello* J 3,117 Pg 18,73 etc. — *udire* Pr 20,19 C: *audire*. *audivi* r J 26,78 ist Latinismus. — *lusingare* J 32,96; *lusinga* J 11,58 18,125 Pg 1,92.

4) *au = o*: *gioire* Pg 18,33 Pr 10,148 27,105 ist auf *gioia* (provenzal. *joja*) zurückzuführen. *godere* Pg 1,25; *godeva* Pr 18,1. *congaudete* Pg 21,78 und *gaudioso* Pr 12,24 15,59 31,25 sind gelehrte Wörter. — Neben *loderò* J 2,74, *loderebbe* Pr 6,142 stehn *laudato* Pg 11,4, *laudamo* Pr 24,113, *laudando* Pr 25,24, *laudabile* J 15,104 Pg 18,36; *frodolente* J 11,27 25,29 27,116.
Osteric (B: *Austericchi*) J 32,26.

5) *au* ist erhalten in *autore, autorità, autunno, Aurora* Pg 2,8; *Ausonia* Pr 8,61.
Bei den ältesten Dichtern ist der Übergang von *au* zu *u* ziemlich selten. Meist ist *au* erhalten oder zu *al* oder *o* geworden (cf. Caix §§ 67—71). Dagegen stimmt der Gebrauch Brunetto's mit dem Dante's vollständig überein (cf. Wiese § 40).

VIII. eu.

Ursprünglicher Diphthong *eu* kommt nur in Eigennamen vor und ist überall erhalten: *Euclide* J 4,142; *Eunoè* Pg 28,131 33,127; *Eurialo* J 1,108; *Euripide* Pg 22,106; *Euripilo* J 20,112; *Europa* Pg 8,123 Pr 27,84; *Eufrates* Pg 33,112. Brunetto hat *Ufrade, Ofrade* (cf. Wiese § 46). Caix § 80 erwähnt *Isaotta, Isotta, Isolda* (= afrz. *Iseult*).

IX. ai.

ai = a in *Ramondo* Pr 6,134. *Mainardi* Pg 14,97 (BCD: *Mancordi*). Sekundärer Diphthong liegt vor in *aitare* (cf.: Tonloses *u*). Häufiger ist der Diphthong bei den ältesten Dichtern (cf. Caix §§ 76. 77).

Hiat.

A. Hiat innerhalb eines Wortes.

I. Wörter mit dem Accent auf dem zweiten Vokal.

In denselben bildet jeder der beiden zusammentreffenden Vokale eine Silbe für sich, ausser wenn der erste Vokal ein *i* ist. In diesem Falle bilden beide Vokale 1 Silbe und zwar

1) in den Conjugationsendungen *-iámo, -iáte, -iéno*;
2) oft in der Substantivendung *-ione*..

Beispiele: *salvazione* J 2,30; *affezion* J 16,60; *lezione* J 20,20; *orazion* J 26,122 Pg 13,128; *contradizion* J 27,120; *condizion* Pg 1,56 10,115; *formazion* Pg 10,129; *cogitazion* Pg 15,129; *promission* Pg 28,138 Pr 29,123; *perfezione* Pr 13,81 etc.

Seltner, und zwar in folgenden Fällen, bildet jeder Vokal eine Silbe für sich: *passi/on* J 31,72; *presunzi/on* Pg 3,140; *opini/one* Pg 8,136 26,122 Pr 2,83 13,85.117; *visi/one* Pg 9,18 Pr 14,49; *conversi/one* Pg 19,106; *aspersi/on* Pg 31,78; *divisi/on* Pr 16,141; *religi/one* Pr 8,145 11,93; *perfezi/one* Pr 13,83; *regio/ne* Pr 20,102; *elezi/one* Pg 15,40 33,45; *Vas d'elezi/one* (AC: *Vaso d'elezione*) J 2,28.

Die hierher gehörigen Eigennamen messen immer 2 Silben: *Geri/on* J 17,97; *Scipi/on* J 31,46 Pg 6,53; *Amfi/on* J 32,11; *Di/one* Pg 8,7 Pr 22,144; *Iperi/one* Pr 22,144.

3) In Compositis hat jeder Vokal für sich Silbenwert. Nur 1mal, Pg 21,35, ist *dianzi* zu lesen.

Synizese ist ferner eingetreten: *dubbioso* J 5,120; *invidioso* J 15,68; *suspiccioso* Pr 12,39; *grazioso* Pg 13,91. Dagegen ist zu lesen *grazi/oso* J 5,88 Pg 8,45; *invidi/oso* J 3,48 Pr 10,138;

glori/oso Pg 11,133 22,153 etc.; *gaudi/oso* Pr 12,24 15,59; *prezio/so* Pr 15,86; *furi/oso* J 8,48.

fïata Pr 16,38; *fïate* J 32,102. Sonst steht oft *fi/ata*, z. B. J 9,22 10,50 etc. — *disobbedïendo* Pr 7,100; dagegen *obbedi/endo* Pr 7,99. — *cambïando* Pr 17,90; *sazïando* Pg 31,129; *espïare* Pg 26,36; *odïare* Pg 17,111; *dubbïare* Pr 14,99; *cotidïano* Pg 11,13; *dïavol* J 21,29; *vizïato* Pg 7,110; *Dïana* Pg 13,153; *Damïata* J 14,104; *christïano* Pr 10,119 12,56; *conïavi* J 30,111; *pïéta* J 1,21 7,97 18'22 26,94; *dïetro* J 14,73 etc.; *Etïope* Pr 19,109; *Eti;opo* Pg 24,21; *Eti/opia* J 24,89; *Ïason* J 18,86; *Ï/ason* J 19,85 Pr 2,18.

II. **Der Accent steht auf dem ersten Vokal.**

In der Regel bilden beide Vokale zusammen eine Silbe.

Nur wenige Ausnahmen finden sich:

ae in *aere* ist bald ein-, bald zweisilbig gebraucht. Ersteres ist der Fall J 31,36 8,14 Pg 5,109.118 8,106 etc.; letzteres J 1,48 Pg 13,43 14,131 Pr 10,68 etc.

i/o ist zweisilbig Pr 14,127 Pg 10,19 18,85 31,37.47; sonst einsilbig, — *pi/o* Pr 1,100 Pg 12,21. — *mi/o* Pr 31,53 26,37. — *de;ono* J 19,3; aber *dêe* J 20,128 Pg 6,39. — *la/ico* J 18,117. — *lo/ico* J 27,123. — *empire/o* J 2,21.

altru/i Pr 16,141 (A2C schieben *rei* ein, lesen also *altrüi*).

lu/i J 10,117. Einige Ausgaben schieben *si* ein, so dass zu lesen ist: *Chi mi dicesse chi con lüi[si] stava.*

Einige Eigennamen sind hier zu erwähnen: *Tese/o* J 9,54; *Re/a* J 14,100; *Ta/ide* J 18,133; *Bugge/a* Pr 9,92; *Peguse/a* Pr 18,82; *Polinni/a* Pr 23,56; *Ene/a* J 2,32; aber *Enêa* J 26,93.

Synizese zweier durch *j* getrennter Vokale hat stattgefunden in *Tegghiaïo* J 6,79; *Uccellatoïo* Pr 15,100; *miglïaïo* Pg 13,22; *gennaïo* Pr 27,142; *beccaïo* Pg 20,52; *primaïo* Pg 14,66; dagegen *prima/io* Pg 29,145; *Troïa* J 30,114. Der Vers lautet: *Là 've delver a Troïa fosti richiesto* (A2C vermeiden die Einsilbigkeit durch Umstellung: *Là 've del ver fosti a Tro/ia richiesto.*

Stehn beide Vokale im Wortauslaut, so tritt vielfach Apokope des unbetonten zweiten Vokals ein (cf.: Unbetonte Vocale).

III. **Beide Vokale sind unbetont.**

Die Zusammenziehung beider Vokale zu einer Silbe ist Regel.

Ausgenommen sind die Wörter, wo die Vokale erst in Folge von Composition zusammengekommen sind, z. B. *ri|udir* Pr 8,31; *re|iterando* Pr 13,20; *ra|unai* J 14,2 etc.

Einzelne Fälle: *pa|urose* J 2,90; *torne|amento* J 22,6; *le|onina* J 27,35; *le|onessa*, *le|oncini* J 30,8; *te|odia* Pr 25,73. *Ma|ometto* J 28,31; *Tána|i* J 32,27; *Cle|opatra* Pr 6,76; *Cle|opatras* J 5,63; *De|itade* J 11,40; *De|idamia* J 26,62.

J 19,4 und Pr 33,133 misst D *ge͡omanti* und *ge͡ometra*, während die andern Hss. *ge͡omanti*, *ge͡ometra* fordern.

Beatrice Pg 18,48 Pr 13,8 16,13 17,15 etc.; dagegen *Be|atrice* Pr 5,85 10,37 11,11 29,8 etc.

vi|olento J 11,28; *vi'olenza* Pr 20,94; *ori|ental* Pg 1,13; *settentri|onal* Pg 1,26; *invie|ranno* Pg 10,102; *vari|azion* Pg 28,36; *tri|onfando* Pg 26,79; *tri|onfante* Pr 22,131 27,71; *empire|o* J 2,21; *Indi|a* J 14,32; *Anfi|arao* J 20,34; *Di|omede* J 26,56; *Livi|o* J 28,12; *Calli|opè* Pg 1,9; *Di|onisio* Pr 28,130; *Ni|obè* Pg 12,37; *Eli|odoro* Pg 20,113; *No|arese* J 28,59; *po|esì* Pg 1,7; *ru|inò* Pg 5,123; *pu|eril* Pr 3,26; *pu|erizia* Pr 16,24; *mutu|a* Pr 12,63 22,24; *perpetu|o* Pr 15,65 19,22 etc.; *ardu|o* Pr 30,36 31,34.

Verschleifung fand statt in *scia͡gurati* J 3,64 ohne Rücksicht auf den Consonanten *g*. Dieselbe unterblieb J 22,44: *scia|gurato*.

Zu erwähnen ist noch *a͡itar* J 11,34; dagegen mit betontem *i*: *a|ita* Pg 11,130 r 4,133.

B. Hiat zwischen zwei verschiedenen Wörtern.

Es lässt sich folgende Regel aufstellen:

Ist der im Wortauslaut stehende Vokal unbetont, so bildet er mit dem folgenden Vokal eine Silbe und wird teils geschrieben und verschleift, teils elidirt. Ist der im Wortauslaut stehende

Vokal betont, so wird er nicht vom folgenden Vokal beeinflusst, sondern bildet, wie dieser, eine Silbe für sich.

Die wenigen Ausnahmen, welche diese Regel erleidet, werden bei Betrachtung der einzelnen Combinationen erwähnt.

I. Hiat zwischen gleichen Vokalen.

$a + a.$

Entgegen der Regel ist Pg 14,56 zu lesen *sarà a costui* (B: *sarà costui*); *fia a lui* J 19,87; *rendea a me* (A₂CD: *rendeami*) Pg 29,81.

Vielfach ist Elision des auslautenden *a* eingetreten, besonders in *una, ella, quella, questa, altra, vostra, della, alla, prima* 1mal (Pr 12,138), also in der Femininendung des Singulars; ferner in den Präpositionen *tra, contra, senza,* bisweilen in *era,* z. B. *er'anco* J 12,2; *er'alto* Pg 4,40 9,44; 1mal (Pg 33,62) *cinque mili' anni.*

Das *a* der 1. Deklination bleibt sowohl vor *a* wie vor jedem andern Vokal erhalten.

$e + e$

Jedes tonlose *e* kann elidirt werden mit Ausnahme des Plural-*e* der 1. Deklination, welches überall bestehen bleibt.

Che als Pronomen interrogativum hat eignen Ton, wird nie elidirt und bildet stets eine Silbe für sich. Dagegen als Pronomen relativum und Conjunction bildet es mit dem folgenden Vokal eine Silbe oder wird elidirt. Einige Stellen, wo *che* als Relativ Hiat bildet, sprechen scheinbar gegen diese Regel. J 5,57 und Pr 7,45 ist zu lesen *in che / era,* Pr 13,97 *in che / enno.* Hier lehnt sich die tonlose Präposition an *che* an, dies erhält dadurch grössere Bedeutung und in Folge dessen eignen Ton. — J 7,84: *Che / è occulto.* A liest: *Che v'è occulto.* — Pg 15,69: *Che / è lassù, e così* etc. A, C lesen: *ch'è lassù, e così* etc. B: *Che lassù è, così* etc. — J 4,23 *fe entrare*; Pg 14,90 *è erede* (A₂BCD: *reda*).

Die Conjunktion *se* ist elidirt, z. B. *s'egli* Pr 2,52.85; *s'elli* Pr 4,34; *s'ella* J 2,11 16,129. Nur 1mal *se / ei* Pr 19,78.

$i + i$.

Regelmässig wird das *i* der Perfectendung elidirt, wenn *io* folgt, z. B. *fu' io* J 17,58; *rispos' io* J 15,20; *rupp' io* J 19,20; *parla' io* J 5,115 etc. Nur 1mal *fui / io* J 10,89.

Elision tritt ferner ein meist bei *di*, dem proklitischen und enklitischen Pronomen personale *mi*, *ti*, *si*, *ci*, *vi*, bei *degli*, *agli*, *gli*, *egli*, auch bei *cui*, z. B. *fermandos' ivi* Pg 29,154; *cu' io* J 30,47 Pg 11,97 Pr 15,88 etc., bei *ogni*, z. B. *ogn' ingegno* Pg 12,66; *ogn' intelletto* Pr 28,108; 1mal *tutt' i tempi* J 1,57 Pr 32,127.

in alleinstehend oder in Compositis bildet mit vorhergehendem betontem *i* eine Silbe und wird theilweise elidirt, z. B. *si ingordo* J 18,118; *così insieme* J 26,56; *si inebriate* J 29,2; *così inteso* Pr 24,80; *segui in* Pr 27,74. Aphärese tritt ein Pg 9,132: *chi'ndietro*.

in ist silbebildend J 11,63 *dì / in dì*.

$o + o$.

Stets elidirt wird der Artikel *lo*, *dello*, *allo*, häufig *io*, z. B. *i' odo* J 27,65 Pg 16,22; *i' ho* J 30,126 etc. Andere Fälle: *tropp' oso* J 11,26; *su' ordine* Pr 3,54; *hann' ordine* Pr 1,109; *passamm' oltre* J 33,91; *veggi' or* Pr 7,52.

II. Hiat zwischen verschiedenen Vokalen.

$a + e$.

a im Artikel *la*, sowie im gleichlautenden Pronomen personale wird stets, sowohl vor *e* als vor jedem andern Vokal, ausser in *in*, und vor *h*, elidirt.

Auslautendes *a* bleibt erhalten in den übrigen einsilbigen Wörtern, z. B. *là*, *tra*, *fa*, ferner als Substantivendung und als Endung der 3. pers. sg. praes. Beispiele: *dell' eccellenza* Pg 11,87; *tra / esse* Pg 16,21; *qua / e* J 26,88; *fa / esser* J 7,89; *preghi'a è* J 26,70; *giudica e* J 5,6.

Die Elision ist fakultativ nach Liquiden und auch nach andern Consonanten, z. B. *quest' era* J 3,62; *quest' è* Pr 3,18 24,145; *profond' era* J 4,10; *senz' esso* Pg 6,90; *sapevei* Pg 13,76. Daneben *questa e* J 9,46; *senza esser* J 26,45 etc.

$$a + i.$$

Elision nach Liquiden ist fakultativ.

Beispiele der Elision nach andern Consonanten: *tant' ira* J 32,51; *vedev' io* Pg 27,89.

Vor *in* tritt nie Elision ein. *in* nach betontem *a* wird entweder mit diesem verschleift oder bildet eine Silbe für sich. Z. B. *già in* J 17,80; *bontà infinita* Pg 3,122; dagegen *già / in* J 28,8; *hà / in* Pg 11,74.

$$a + o, \; a + u.$$

Ausser nach Liquiden tritt Elision ein besonders bei *questo*; z. B. *quest' otta* J 21,112; *quest' opera* Pg 11,142; *quest' ora* Pg 23,99; *quest' ultima* Pr 5,46.

Ausserdem in folgenden Fällen: *poc' ora* J 16,105 34,104; *parlav' ora* Pg 13,68; *senz' oro* Pr 22,88.

Neben einander stehn: *là ove* J 14,76 17,103 und *là 've* J 18,100 27,107 Pg 9,51 14,34; *là 'vunque* Pg 25,98.

da bildet stets eine Silbe für sich ausser J 21,18 *da ogni*.

$$o + a.$$

Ausser nach Liquiden tritt Elision ein bei den einsilbigen Wörtern *che, se, ne, le*, auch bei *perche*, z. B. Pg 33,48 *perch' a lor modo* etc. Dazu in folgenden Fällen: *cinqu' alle* J 31,113; *Mont' Aperti* J 32,81; *sied' alto* Pg 7,91; *grand' arco* Pg 7,128; *quest' alme* Pr 4,45; *quest' acque* Pr 29,21.

$$e + i.$$

Für *e + in* gilt dasselbe wie für *a + in*. Aphärese des *i* ist eingetreten in *che'n lui* J 11,53.

Elision ausser nach Liquiden liegt vor in *ov' io* J 3,16; *ond' io* J 3,20 13,44 etc., ferner bei *che, se, ne*.

$$e + o.$$

Elision findet ausser nach Liquiden statt bei *le, che, ne* und in folgenden Beispielen:

le torbid' onde J 9,64; *cinqu' oro* J 21,112; *Cont' Orso* Pg 6,19; *molt' ombre*.

è oscura Pg 11,96; dagegen *è / oscura* Pr 4,135.

perchè / onore Pr 6,114.

triangulo due ottusi Pr 17,15.

$e + u.$

Es gilt das für $e + o$ Gesagte.

Einzelne Fälle: *ond' uscì* J 26,30; . *in che | una* Pr 20,6; *che | unque* Pr 8,29. *che* ist causale Conjunktion.

$i + a,\ i + e,\ i + o,\ i + u.$

di, mi, ti, si, ci, vi können elidirt werden.

Einzelne Fälle: *molt' anni* J 19,19 Pg 10,35; *quinc' entro* J 10,17 29,89 Pg 13,18; *grand' ombre* J 4,83; *grand' urli* J 7,20; *ognóra* Pr 10,33 und *ognuno* J 32,37 Pg 20,94 30,14 sind schon zu einem Wort verschmolzen.

Tonloses *i* im Auslaut ist silbebildend: J 4,30 *D'infanti | e*; J 4,73 *onori | e scienza*; J 4,122 *conobbi | Ettore* (B: *conobbi' ed Ettore*); J 20,139 *Noi stavamo immobili | e sospesi*.

Umgekehrt wird auslautender Tonvokal mit dem folgenden Vokal als eine Silbe gerechnet: *li͡ era* J 34,9; *li͡ e* Pg 13,7.

Das Pronomen relativum *chi* wird nie elidirt.

$o + a.$

Ausser nach Liquiden · wird *o* oft elidirt in *io*. Ferner in *quest' arco* Pr 1,119; *quest' altro* Pr 3,109; *quest' atto* Pr 20,7; *cent' anni* Pr 6,4 11,65 15,92; *sott' altro* Pr 6,104; *molt' alto* Pr 9,28; *sant' Antonio* Pr 29,124.

Synizese: *su͡o avere* J 11,35.

$o + e.$

Elision ausser nach Liquiden: *quand' elli* J 22,76; *quand' ebbe* J 33,76; *quant' è* Pg 8,56 Pr 26,109 32,144 etc.; *quest' è* Pr 21,76 24,145; *quant' esser* Pr 2,47 10,40; *sott' esso* Pr 6,52; *lungh' esso* Pr 32,130; *tant' era* Pg 18,128.

Auslautendes tonloses *o* bildet Silbe J 4,141: *Tullio | e Lino Seneca morale* (D: *E Tullio͡ e* etc.).

$o + i.$

Das *o* der 1. pers. sg. im Verbum wird vor *io* stets elidirt, z. B. *vogl'io* J 15,91; *poss'io* J 27,103 Pr 18,13; *cred'io* J 25,19 etc. Ferner stets *quand' io* J 26,20 33,12 Pg 3,109 etc.; *quand' ira*

J 31,72; *quant' io* J 23,98; *tornand' io* J 15,53; *dicend' io* J 27,20; *volut' ir* J 31,141; *fatt' io* J 25,141.

in wird behandelt wie nach andern Vokalen. Aphärese liegt vor in *lo'mperchè* (D: *lo perchè*) Pg 3,84.

$o + u$.

quest' uno Pr 24,107; *quest' uficio* J 12,89; *sott' una* Pr 21,134.

Verschleifung von betontem *o* mit *u*: *portò un* J 22,72; *u* mit *a* in *più a riguardar* J 24,61 (B: *più/a gradire*, D: *più/a guardar*).

Consonante.

Liquidae.

I. *l.*

Aphärese ist eingetreten in *avello* J 9,118 11,7 (lt. *labellum*).
Prothese: *lazzo* (lt. *acidus*) J 15,65 Pg 20,6.
Dissimilation des Silbenanlautes liegt vor in *giglio* (lt. *lilium*) Pg 7,105; *urlare* (lt. *ululare*) J 6,19. Im letzteren Falle fand natürlich der Ausfall des *u* später statt (cf. sardisch *urulare*, jz. *hurler*).

Gemination trat ein in *sollazzo* Pg 23,72; *allegro* J 14,60; *allegrezza* J 26,13 etc.; *allodetta* Pr 20,73; *Bellisar* Pr 6,25.

(*b*)*l* = (*b*)*r*: *sembrare* r J 16,8 r Pg 6,145; 23,12 Pg 4,106 10,110 (AB: *semblan*) 19,105 Pr 27,4. Caix Orig. § 112 vermutet, dass Guitttone von Arezzo häufig solche Formen gebrauchte. Ist dies richtig, so könnte sie Dante daher entlehnt haben. Daneben existirt auch echt ital. *sembiare, sembianza*; *ingombrare* r J 2,46 r 32,63 r Pg 3,30 r 23,131 31,142.

Ferner: *corcare* Pg 17,9 r J 17,30 r Pg 27,68. Daneben *collocare* r Pr 28,21; *insembre* r J 29,49.

l = *n*: *mungere* J 12,135.

l'r = *rr*: *torrò*, z. B. J 7,6; *vorrò*, z. B. J 1,121, 1mal (J 20,120) steht *vorebbe. sarria* Pg 7,51 B.

l'g vor hellem Vokal = *gli* (*l̃*): *cogliendo* Pg 1,124; *iscegliendo* Pg 28,41.

Ausfall des *l*: *bagna* (lt. *balneum*) J 3,132.

Apokope liegt vor in *insieme*, z. B. J 3,106 Pg 16,110 etc. *insembre* ist einem andern Dialekt entlehnt.

Metathese: *scoppiare* (aus *scloppo*) J 17,46 23,10 etc. (cf. Caix, Saggio pg. 121).

ll in der Verbindung Vokal + *l* + *i* erfährt eine 3fache Behandlung: 1) Es bleibt erhalten; 2) es wird mouillirt; 3) es fällt weg. Diese Erscheinungen traten ein bei den von *ille* abgeleiteten Formen und bei den Nomina auf -*ello*. Beispiele: 1) *elli* J 4,34; *quelli* J 3,122; *augelli* Pr 18,73 27,15; *belli* Pg 9,62 Pr 22,154; *capelli* J 18,121 32,103 r 33,2 r Pr 32,70. 2) *capegli* Pg 1,35; *begli* Pg 27,106. Zahlreich sind die mouillirten Formen von *ille* cf. Formenlehre). 3) *stornei* J 5,40; *fratei* J 25,28 32,21; *augei* Pg 24,64.

l in der Verbindung Vokal + *l* + *i* kann ebenfalls ausfallen. Daher stehn neben einander die Pluralia *tali*, *quali*, *cotali* und *tai*, *quai*, *cotai*, je nach Bedürfniss des Verses. Hierher gehören auch die Pluralia der Nomina auf -*ale* und *olo*: *corporai* Pr 28,64; *animai* J 2,2; *mortai* (CD: *mortal*), *piedi* Pg 13,133. Neben *figliuoli* r J 33,38 Pg 12,39.71 steht *figliuoi* J 33,48.

Die 2. pers. sg. praes. von *volere* lautet regelmässig *vuoi*, z. B. J 1,23 19,34 Pg 13,95 14,77 etc. Daneben steht *vuoli* Pr 4,30 (B: *vuoi*) Pr 33,35 (A₂BCD: *vuoi*).

Mouillirung von *ll* findet noch statt in *togliere* J 2,2 10,92; *toglie* r Pg 1,106. Daneben steht *tolle* r J 23,57 r Pr 6,57 r 17,33; *pigliare* J 3,136 21,73 etc..

lj (*li* + Vocal): Der *j*-Laut ist geschwunden in *mila* (*quattro mila*) Pr 26,119 (BCD: *milia*). *milia* J 26,112 ist Latinismus und nur des Reimes wegen angewendet. Ebenso *milia* »Meile« Pr 26 78.

duolo, neben *doglia* gebraucht, r J 8,65 14,27 17,46 etc. dürfte eine Ableitung von *dolere* sein.

Verhärtung von *lj* und *lg* in den Verbalformen *valgo*, *salgo* etc. kommt nicht vor. Es sind nur die mouillirten Formen belegt: *vaglia* J 1,83 Pg 15,26 Pr 11,70; *saglia* J 24,55 Pg 15,30.

Über *mei*, *me'* cf. unter tonlosem *i*.

Öfters steht *vo* (*voglio*), z. B. J 4,33,62 6,77 7,72 etc.

li vor Vokal ist erhalten in den gelehrten Wörtern *concilio, esilio, peculio, vigilia, umiliato*, in den Eigennamen *Virgilio, Italia, Sicilia, Evangelio, Farsalia* (B: *Farsaglia*) Pr 6,65.

Muta + *l* = Muta + *i*. Da wo zugleich *l* erhalten ist, liegt entweder ein Latinismus oder Entlehnung aus andern Dialecten oder dem Provenzalischen vor. Es sind folgende Fälle:

chinare J 5,110 6,92 etc.	*acclino* Pr 1,109; *declinare* Pr 31,120 (cf. prov. *acclinar, declinar*).
tempio Pg 12,53 15,97 J 10,87 etc.	*templo* nur im Reim Pr 18,122 28,52.
gonfiare J 7,13 21,11 Pr 29,117	*conflato* Pr 33,89.
chiassi Pg 28,20	*classe* Pr 27,143.
chiostro J 29,30 Pg 7,21 etc.	*claustro* Pg 32,97.
piaga J 16,10 25,92 28,2 etc.	*plaga* Pr 13,4 23,11 31,31.
pieno häufig	*plenilunio* Pr 23,25; *plenitudine* Pr 31,20 sind Latinismen.
scempio (exemplum) J 10,85	in anderer Bedeutung als *esemplo*, z. B. Pg 19,144 32,67 etc.
pioggia J 6,19 11,71 Pg 3,13 etc.	*ploia* (provzl.) Pr 14,27 24,91.
piviere Pr 16,65	*plebe* J 32,13.
bicco J 6,91 23,85 etc.	*obbliquo* Pr 10,14.

Über *plebe, obbliquo* cf. Caix: »La Formazione degli idiomi letterarii« in der Nuova Antologia 1874 pg. 306 Anm. 2.

Zahlreich sind daneben die Latinismen mit erhaltenem *l*, z. B. *preclaro, blando, contemplare, plaudere, clivo, declivo, sublimare, fleto, negletto, negligenza, negligente, gloria, gloriare, glorioso, flettere, placare, flagellare, plorare, plaustro, semplice* etc.

II. *m.*

m im Anlaut ist *n* geworden in *nicchiare* J 18,103.

m als Anlaut der zweiten Silbe ist verdoppelt in *cammino* J 1,5.142 etc.; *camminare* Pr 6,131; *Cammilla* J 1,107, 4,124; *commedia* J 16,128 21,2; *femmina* J 4,30 18,66 etc.; *femminetta* Pg 21,2; *femminile* J 9,39 (A: lateinisch *feminine*); *fummo*, subst.

(lat. *fumus*) J 8,12 9,75 etc.; *immaginare* J 23,24 Pg 17,43; *immaginativo* Pg 17,13 27,71. Dagegen mit einfachem *m* stets *imagine* und Pr 1,89 *imaginare*. *vendemmiare* J 26,30; *bestemmia* Pg 33,59; *bestemmiare* J 3,103 5,36 etc. Daneben *biasmerebbe* Pr 23,66; *biasmo* Pg 18,60 J 5,57 etc.

mm = *m*: *comune* J 13,66 29,97 Pg 6,133 11,63; *comento* J 4,144. Ebenso bei Brunetto (cf. Wiese § 65). Die ältesten Dichter haben *giamai* (Caix § 114), bei Dante stets *giammai*.

m im Inlaut vor Consonanz, ausser vor *b* und *p*, wird zu *n*, z. B. *circondare* J 31,42; *ninfa* Pg 29,4; *consunto* J 11,66 etc. Dagegen *combattere* J 2,107; *compagno* J 4,121. Die ältesten Dichter haben auch vor Labial häufig *n* (cf. Caix § 120).

mn = *nn*: *sonno* J 1,11 3,136 etc.; *danno* J 2,110 13,12; *donno* J 22,83; *donnescamente* Pg 33,135; *donnear* (prov. *domnejar, domnear*) Pr 24,118 27,88; *donna* J 2,53; *colonna* Pr 16,103; *inno* J 7,125 Pg 8,17; *Lenno (Lemnos)* J 18,88.

m = *v* in *annoverare* J 29,8.

m = *n* im Auslaut in *con*; neben *speme* J 4,42 Pg 3,66 6,32 Pr 20,108 25,31.44.67 steht *spene* J 11,111 Pg 31,27 Pr 24,74. Caix § 115: *m* ist erhalten neben *n* durch Einfluss des Provenzalischen.

mj = *mb* in *grembo* J 12,119 r Pg 7,68 etc. Sonst ist *mi* + Vokal erhalten, z. B. *infamia* J 3,36 12,12 etc.; *alchimia* r J 29,137; *scimia* r 29,139 (cf. prov. *simia*). Caix § 116 führt ausser *comiato* und *congiato* (prov. *conjat*) *scingnà* an; *scimmia*, die moderne Form, ist auch im Süden gebraucht.

III. *n*.

Prothese hat stattgefunden in *nascondere*, welches nach Bedürfniss des Verses mit *ascondere* wechselt. — Es ist möglich, das *n* in diesem Wort als Rest der Präposition *in* anzusehen, dass also Aphärese des *i* eingetreten ist, wie in *nello, ne*, sicil. *nesciri (exire)* etc.

Gemination ist eingetreten in *innanzi* Pg 1,116; *innanellato* Pg 5,135; *innamorare* Pg 29,1 Pr 7,43 etc.; *innalzare* J 4,130

Pg 9,70; *rinnovare* J 1,6 24,144 etc.; *rinnovellare* J 23,4 etc.; *gennaio* Pr 27,142, cf. unbetontes *u*; *soprannome* Pg 16,139.

Dagegen ist einfaches *n* geblieben in *inebriare* J 29,2; *inoltrarsi* Pr 21,94; *inondare* Pr 4,119; *inope* Pr 19,111; *inurbarsi* Pg 26,69. Beim Affisso *ne* tritt Verdoppelung des *n* ein, wenn es unmittelbar auf betonten Vokal folgt, z. B. *dienne* J 9,13; *danne* J 12,93; *parlonne* r Pg 19,47; *ventilonne* r Pg 19,49; *caccionne* r Pg 25,131. Bisweilen unterbleibt die Gemination des Reimes wegen: *saline, partine (: spine)* Pg 4,22.24; *vane (: rimane, umane)* Pg 25,42; *fane (: mane, permane)* Pr 27,33.

Bei den ältesten Dichtern ist die Gemination noch nicht gebräuchlich (cf. Caix § 121).

n = l: *alma* r Pg 8,8; sonst *anima* (cf.: Unbetontes *i*); *veleno* (AB: *veneno*) Pr 19,66; *Palermo* (lat. *Panormus*) Pr 8,75; *Anagna* in A Pg 20,86 (BCD: *Alagna*).

Guittone hat *veneno, venenoso* (cf. Caix § 122).

n = ñ in *ignudo* J 3,65. Vielleicht liegt hier Analogiebildung vor, indem Wörter wie *ignarus, ignotus* einwirkten.

n ist eingeschoben in *inverno* J 21,8; *lontra* r J 22,36; *rendere* J 3,14 8,98 etc. *amendue* J 20,125, sonst ist stets *amboedue* gesetzt. *lanterna* J 28,122 ist schon klassisch lateinisch.

nr: Assimilation hat stattgefunden in *porre* J 23,56; *orrevole* (D: *honrevole*) Pg 22,143; daneben *onrevole, onranza* (Beispiele siehe unter tonlosem *o*); *Corrado* Pg 8,65; *Arrigo* J 6,80; Pr 17,52 in BCD (A: *Enrico*); in den Futuris *verrò, terrò, merrò, rimarro* wie in der modernen Sprache (cf. Caix § 126).

nl: *illustre* Pr 16,90 22,20; *illustrare* Pr 4,125; *illuminato* Pr 12,130; *illuminante* Pr 26,62; *lulla* J 28,22. *nl* ist erhalten in den vielleicht erst von Dante neugebildeten *inluia* Pr 9,93 und *inlei* Pr 22,127.

ns: Der Ausfall des *n* ist vorherrschend. Wo derselbe nicht durchgedrungen ist, liegen lateinische Charaktere vor. Dies wäre der Fall in folgenden Wörtern: *difension* J 8,113; *offensa*, subst., Pr 4,108; *offensione* Pg 17,82; *offenso*, Particip, J 5,109 Pg 31,12 Pr 17,52. Daneben steht *offeso* J 2,45 4,41 etc., im Ganzen 6mal. *incenso* r Pr 22,139; *dimension* Pr 2,38. *Constanza* Pg 3,113.143.115.7,129 Pr 3,118 4,98 (BC haben bisweilen *Gostanza*); *compenso* r Pr 9,19; *pensare* »denken«, aber *pesare* »wägen«; *commensurare* Pr 6,118; *senso, denso, sensato, mensa, dispensare*. Teilweise liegt direkte Entlehnung aus dem Lateinischen vor, z. B. *mensa* darf als gelehrt angesehen werden wegen des daneben vorhandenen *tavola*.

In der Präposition *in-* ist *n* erhalten ausser in *ispirazione* Pg 30,133; dagegen *inspirare* Pr 6,23.

trans wird zu *tra*, in Compositis *tras-, tra-* (cf. Cons. s); *n* ist erhalten in *transito* Pr 26,86; *translato* Pr 14,83; beides gelehrte Wörter. *trangugiare* J 28,27.

Sekundäres *n*, aus lat. *m* entstanden, welches in *cum* vorliegt, ist erhalten vor einfachem *s*, meist ausgefallen vor *s*+Consonanz, daher *cosperso* Pr 27,30; *costringere* Pr 30,15; *costellazione* Pr 13,20 15,21; *costrutto* Pr 12,67; *costante* Pr 11,70; *coscienza* J 11,52; *costura* Pg 18,83; *cospetto* Pg 23,98 etc. Neben *cosperso* 1mal (Pg 5,20) *consperso, constare* Pg 25,51 (B: *gustare*). *costa(re)*, oft im Reim, z. B. J 16,79 29,21 Pr 20,46 etc.

Guittone hat häufig noch *sponso* (Dante: *sposo*), *offenso, accenso* auch im Reim (cf. Caix § 127).

In den Verbis auf *-ngere (giungere, piangere, ungere, stringere)* tritt *ng* auch als mouillirter Laut auf. Die Formen mit erhaltenem ursprünglichem *ng* sind in der modernen Sprache allein gebräuchlich; sie wiegen auch bei Dante vor — das Verhältniss dieser zu den mouillirten Formen ist etwa wie 3:1 — doch kommen die letzteren ebensowohl im Reim wie im Innern des Verses vor.

Eine analoge Erscheinung liegt in einem italienischen Dialekte nicht vor, wohl aber im Provenzalischen, wo die Mouillirung Regel ist.

$\tilde{n}$ *(gn)* ist ausserdem entstanden aus *ni* + Voc., *ndi* + Voc., *ngi* + Voc. Beispiele: *vergognoso, ingegno, signore* (daneben *seniore* Pg 29,83); *spugna* (lt. *spongia*) r Pg 20,3; *sogno, sognare*.

In den Präsensformen der Verben mit *n* als Stammauslaut

ist *nj* teilweise verhärtet zu *ng*. Wir haben also *vegna* J 1,26 Pg 3,1 Pr 20,60 etc. im Reim Pg 3,98 u. 22,122 *vegnan* Pg 27,136; *vegne* J 14,140; *vegno* J 2,71, im Reim J 10,61 17,58 32,135 Pg 5,19 7,24 Pr 10,70; — *vegnono* J 3,123 Pg 8,37 Pr 5,43; *tegno* J 10,19 r J 9,90; *tegni* r Pg 1,80; — *rimagna* r J 32,99 r Pg 23,129; *pogna* r Pg 13,64 r Pr 8,81.

Dagegen *vengo, venga, vengono* J 4,151 34,45 Pg 5,44 Pr 2,70 etc.; *tengo, tenga, tengono* J 8,49 10,87 Pg 4,8 etc.

rimango J 8,110 Pg 4,45; r J 8,34; — *pongono* Pr 2,120.

ng, jetzt die allein gebräuchliche Form in der Umgangssprache, tritt, wie sich aus den angeführten Belegstellen ergibt, nur 1mal im Reime auf.

Der *i*-Laut ist ausgefallen in *Tarquino* r J 4,127; *strano* J 13,15; *Lavina* r Pg 17,37 — daneben *Lavinia* J 4.126. *ni* ist geblieben in gelehrten *demonio* J 6,32; *seniore* (cf. oben); *preconio* Pr 26,44; *testimonio: conio: Antonio* r Pr 29,122.124.126.

nn = *n* in *Erine* r J 9,45.

VI. *r*.

r vor *s* ist ausgefallen in *suso, giuso, muso* (Beispiele siehe unter tonlosem *o). retroso* J 20,19 Pg 20,123 Pr 16,153 32,132 — daneben *retrorso* r Pr 22,94; *trangugiare* r J 28,27; *spago (spacus,* cf. Wölfflin Archiv II, 133 J 20,119; *sirocchia* Pg 4,111 21,28; *Federico* J 10,119 13,59 etc.; *omai* J 3,129 7,97 etc.; *abbagliare* (cf. Diez, Et.W. IIa: aus *barlucolare)* J 23,64.

r = *l*: *veltro* J 1,101; *palafreno* Pr 21,133; *valchi* (von *valchare)* r Pg 24,97; sonst *varcare,* z. B. Pg 7,54 10,53 etc.; *albero* neben *arbore.*

r = *d*: *rado* Pg 7,121 r Pg 12,94 etc., daneben *raro* J 8,117 r Pr 12,39 13,108; *porfido* Pg 9,101; *proda* J 21,13, sonst *prora.*

rifiede r J 20,105; *fiede* r J 10,133 r Pg 28,88 r Pr 32,40; daneben *ferire* J 22,95 Pg 16,101.

r = *i* in *tempia* r J 9,42 r 25,126 r Pr 17,66; Pg 12,135 etc. Als Zwischenstufe wird *templa,* also Übergang von *l* zu *r* anzunehmen sein.

r ist assimilirt an *s* in *dosso* J 18,110; an *l* in *pei (= perli)* J 20,75 (AC: *per verdi fraschi*). Sonst ist *per* nie mit dem Artikel zu einem Wort verbunden.

r ist eingeschoben in *tromba* J 22,7; *coltra* J 24,48; *giostra* r J 7,35; *scranna* Pr 19,81; *inchiostro* Pg 26,114 Pr 19,8; *cilestro* r Pg 26,6; daneben *celeste* Pg 32,54.

Metathese hat stattgefunden in *fruga(re)* r J 30,70; *strupo* J 7,12; *leggiadro* r Pg 11,61.

rj = 1) *j*. Beispiele: *moia* Pg 17,42 r Pr 9,39; *muoiono* J 3,122; *paiono* J 5,75; *dispaia* r J 7,45; *scuoia* 3. p. sg. praes. J 6,18; *cuoio* J 20,119; *scuoi* r J 22,41; *cuoia* r Pr 24,93; *buio* J 7,103; *fuio* r J 12,90; *aiuola* Pr 22,151; *attuia* r Pg 33,48. *caldaia* r J 21,56; *anguinaia* r J 30,50; *ventraia* r J 30,54; *primaio* J 5,1 7,41 r Pg 9,94.

2) *r*: *impero* r J 2,20; *martiro* J 12,61 16,6 28,54 etc.; *monastero* Pg 18,122; *consistoro* Pg 9,24; *matera* Pg 18,37 22,29; *ministero* Pr 10,117; *cimitero* Pr 27,25; *parete* J 32,4 etc. Dazu Wörter auf *-arius*, z. B. *avversaro* Pg 8,95 11,20; *montanaro* Pg 26,68.

Bei den ältesten Dichtern wiegt *r* als Produkt aus *rj* vor, bei Dante sind *r* und *j* gleich häufig im Sufix *-arius*, dagegen sonst nach dunklem Vokal *j*.

Dante gebrauchte also häufiger die toskanischen Formen, jene die süditalienischen (cf. Caix § 131).

Labiale.
I. *b.*

1. Verdoppelung hat stattgefunden 1) nach erster Silbe zwischen Vokalen in *abbondante* Pr 33,82 und *ubbidire*; 2) in der Verbindung *br*: *ebbro* r J 17,99; *ebbrezza* Pr 27,5; *fabbro* J 14,52; *febbre* J 25,90; *labbro* J 16,125; *inebbriare* P 27,3; *Fabbrizio* Pg 20,25. Dagegen *inebriare* J 29,2 Pr 30,67; *Calabrese* Pr 12,140. 3) *bl*: *pubblico* Pr 6,100; *obbliare* J 11,61 Pg 2,75 etc.; *obblio* Pg 10,90 Pr 10,60; dagegen *oblivione* Pg 33,98.

crebro, weder in der modernen Sprache, noch sonst im Romanischen gebräuchlich, ist **Latinismus**.

Verdoppelung von *b* findet bei Brunetto nicht statt (cf. Wiese § 112), bei Guittone nur in *robba;* sonst steht überall das einfache Zeichen (Caix § 175).

2) *b = v* meist wie in der modernen Sprache. Neben *lavoro* J 29,90 Pg 21,112 etc. steht 2mal *labore*: Pg 22,8 Pr 23,6. — *prescriba* r Pr 24,6 ist des Reimes wegen gewählt, sonst *scrivere*, z. B. J 2,8 r 15,88 etc.; ebenso *cuba* (von lat. *cubare*) r Pr 6,68 neben *cova* r J 27,41; *approbo* r Pr 22,136 neben *approvare* Pr 24,48; *Sibilia* J 20,126 26,10 (spanisch: *Sevilla*) = neuital. *Siviglia.*

VIt. *-ebilis* (kl. *-abilis*) = *evole* cf. Unbetontes *o.*

labore ist auch von Guittone und Brunetto gebraucht (Caix § 176, Wiese § 113).

b = f: *tafano* J 17,51; *bifolco* Pr 2,18.

b = m: *Jacomo* Pg 7,119; daneben *Jacob* »der Patriarch« Pr 8,131 22,71; *Jacopo* der Apostel Pg 32,76; *Jacopo da Sant' Andrea* J 13,133; *Jacopo Rusticucci* J 6,80 16,44.

vermena J 13,100.

b = n: *Ansalone* J 28,137. Übergang von *b* zu *m* wird vorhergegangen sein. *ms* wird im Toskanischen zu *ns.*

b ist eingeschoben zwischen *m+r*: *insembre, rimembrare, sembrare, ingombrare* (cf. Unbetontes *u*); ferner in *burchio* (*remulcum, imburchio, burchio* cf. Caix: Saggio) vorgesetzt in *brusco* Pr 17,126.,

Assimilation des *b* an folgenden Consonanten findet statt wie in der modernen Sprache; nur 1mal *subsisto* Pr 29,15; *subrise* Pr 3,67 A.

Ausfall des *b*: Die Imperfecta der 2. und 3. Conjugation lauten aus auf *-eva, -iva* und *-ea, -ia,* je nach Bedürfniss des Verses. Beide Endungen stehn sowohl im Reim wie im Innern des Verses (cf. unter Formenlehre). *bere* (lat. *bibere*) Pg 21,74 22,145 etc.; *bevere* kommt nicht vor; *bee* J 33,141; *tu bei* r Pr 30,73. — *dei* J 5,51 14,16 Pr 22,125 etc.; *dee* J 2,88 26,11; *denno* J 16,118; *deono* J 19,3. — *i' (ibi)* und *u' (ubi)* sind häufig; *parlare, amendue* J 20,125.

Auslassung im Futur und Condizional von *avere*, *dovere*, wie bei den ältesten Dichtern in *arò*, *arebbe*, *deria*, *derian* (cf. Caix § 176) kommt bei Dante und Brunetto nicht vor.

b'l = *bbi*: *affibiare* J 31,66; *nebbia* r J 24,149.

bj 1) = *bbi*: *rabbioso* J 1,47; *dubbiare* J 4,18; *dubbio* J 32,83 Pg 1,94 17,95; *abbia* J 15,86 Pg 14,2 Pr 28,6 r J 7,5; *abbian* r Pg 23,51; *abbi* J 19,68; *labbia* r J 7,7 Pg 23,47; *rabbia* r J 7,9; *debbia* r J 24,151; *obbietto* Pg 17,95 Pr 33,103; *scabbia* r Pg 23,49.

Nach Consonanz bleibt *bi*: *superbia* J 14,64; *cambiare* J 25,122.123 etc. Beides Latinismen.

dubi pl. r Pr 28,97 ist Latinismus und nur des Reimes wegen gewählt.

2) = *bb*: *abbo* r J 32,5.

3) = *ggi*, nach Consonant *gi*: *cangia* J 2,38 etc.; *io cangi* r J 32,138; *aggia* r Pg 6,102; *aggi* r Pr 5,127; *deggio* r J 15,118 r 27,109 Pg 21,102 (A: *debbo*).

4) = *j*: *haja* r J 1,60 r Pr 17,140; *Danoia* J 32,26; daneben *Danubio* Pr 8,56; dies ein Latinismus.

Brunetto hat ebenfalls alle diese aus *bj* entwickelten Laute verwendet (cf. Wiese § 114). Den ältesten Dichtern fehlt dagegen die Form des toskanischen Dialekts, *bbi*, *bb* (cf. Caix § 177).

Dante scheint die nichttoskanischen Formen nur für den Reim verwendet zu haben; denn *cangiare* hatte sich vielleicht schon damals Bürgerrecht erworben im Toskanischen, und Pg 21,102 hat die älteste Hs. *debbo*.

bb = *b* in *abate* Pg 18,118 26,129 Pr 12,140.

II. p.

1) Verdoppelung: *appo* J 18,135; *sappi* (von *sapere*) J 4,33; *doppiare* J 14,39 Pr 28,93; *doppio*, z. B. J 23,12 Pg 1,36; *doppiero* Pr 28,4; *cappuccio* Pr 29,117; *cappa* J 23,61; *cappello* J 32,126; *seppellire* Pr 9,125, sonst *sepolto*, *sepolcro* etc.; *sopraporre* J 17,16 Pr 15,42; *contrappesare* Pr 21,24. Getrennt ist noch *da poi* Pr 26,136.

Brunetto hat *dopio, doppiamente, radoppia* (Wiese § 109), Guittone *oppinione* (Caix § 172). Sonst bei den Vorgängern Dante's der einfache Laut.

2) $p = v$ vor r und zwischen Vokalen: *sovrano* J 4,88 17,72 22,87 Pr 26,48; *soprano* J 32,128. *p* ausschliesslich ist gesetzt in *sopra*, z. B. J 4,96 6,15.36 und noch oft, ebenso in den Compositis: *sopraggiunto* Pg 5,80; *soprastare* J 18,111; *sopranzar* Pr 20,97; ferner *soperchio* J 7,48; *soperchiare* J 19,22 etc.

riva r J 1,23 Pg 2,40 etc.; *ripa* r J 7,17 12,55 16,103 etc. Beide sind häufig im Reim, wie in der Mitte des Verses gebraucht.

ricevere r J 3,41 r 6,12 12,23 etc. *recepe* und *concepe* r Pr 2,35.37 und r Pr 29,137.139 sind nicht toskanisch, vielleicht dem Süden entlehnt (cf. Caix § 173: *riceputo*).

Die ältesten Dichter und Brunetto haben häufiger *p* zu *v* erweicht, z. B.:

Caix § 173:	Wiese § 110:	Dante:
covrire	*covrire*	*coprire*
avrire	—	*aprire*
ovra, ovrare	*ovra, ovrere*	*opra, oprare*
savere	*savere, sapere*	*sapere* etc.

3) $p = b$ in *brina* (lat. *pruina*) J 24,4; *obbrobrio* Pg 26,85.

4) *ps* im Anlaut $= s$, indem Aphärese eintrat: J 31,9 *salmo*; *Salmista* Pg 10,65.

ps $= ss$ im Inlaut zwischen Vokalen: *esso* J 4,62; *scrissi* J 5,137; *casso* J 20,12.

5) $p'd = tt$ in *ratto* J 2,109; *rattezza* Pr 11,50.

pt $= tt$, z. B. *catto* Pg 20,87; *cattivo* J 3,37.62 30,16; *rotto* J 11,2 Pg 3,88 etc. Ausnahme bildet *Batista* J 13,143 30,74 etc. *Batisteo* Pr 15,134.

6) *pj*: 1) $= ppi$: *sappia* r Pg 21,79; *cappia* r Pg 21,81; *sappiendo* J 32,137 Pg 9,36; 23,36 in B, C, D.

2) $= vi$: *savi* r Pr 5,71; sonst im Innern des Verses J 2,36 4,149.110 7,3 8,76 13,47.

3) = *ggi*, aus sekundärem *vi*: *saggio* r J 1,89 r 10,128 r Pg 13,75. Im Versinnern Pg 4,39 5,30 27,69 Pr 14,99.

Brunetto wendet alle 3 Formen in derselben Weise an (Wiese § 111); bei den ältesten Dichtern herrscht *ci* oder *cci*, dazu für *sapere cci*, die südliche Form, vor (Caix § 174).

pi ist erhalten in *principio* J 1,37 etc.; *sapienza* J 1,104; *campione* J 16,22; *copia*, *elitropia* r J 24,91.93; *concipio* r Pr 27,63.

III. v.

1) Verdoppelung: *provvedere* J 7,86 24,26 Pg 6,22 etc.; *provvedimento* Pg 6,143; *provvidenza* J 23,55 Pr 1,121 Pr 8,99 11,28 27,16; 1mal (Pr 17,109) findet sich *provedenza*; *ovvero* J 11,78 Pg 4,1 etc.; *andovvi* J 2,28; *stavvi* J 5,4; *evvi* Pg 22,113, also wie in der modernen Sprache, wenn *vi* als Affisso auf betonten Vokal folgt.

2) *v* = *b*: *berza* J 18,37; *serba*, 3. sg. praes., r J 15,70 r Pr 1,72; *serbolo* 15,89; *nerbo* r J 9,73 r 21,36. Daneben ist *v* erhalten in *servare* Pg 26,83 Pr 2,14 5,47.68 etc.; *nervo* r J.15,114.

Brunetto schreibt *serbanza*, *boce* (cf. Wiese § 116), Caix § 178 führt an: *bole*, *boglio*, *bolontade*, *bale*, *bolta*, *enbolare*.

v = *f*: *frascha* J 13,144; *palafreno* Pr 21,133.

v = *g*: *volgere*, *pargoletto* Pg 31,59; *pargoleggiare* Pg 16,87; dagegen *parvo* Pg 15,129 etc.; *parvolo* Pg 7,31.

v = *u*: cf. Vocalismus: *au*.

3) Assimilation liegt vor in *città* J 6,49 13,143 etc.

4) Ausfall in *paura*, *natio* r J 10,26 14,1; *bue* J 17,75 etc.; *buoi* Pg 10,56 12,1; *Faenza* J 32,123.

5) *v* ist eingeschoben zur Vermeidung des Hiats in *Giovanni* J 19,17; *Giovanna* Pg 5,89; *ruvido* Pg 9,98; *ringavagnare* J 24,12.

6) *v* = *gu* in *guado* Pg 8,69 durch den Einfluss des germanischen *wat*.

7) *vj* 1. = *ggi*: *leggiero* J 1,32; *alleggiare* J 22,22 Pg 12,14; *caggia* r J 6,27 r 11,75 r 14,14; *pioggia* r J 11,71; 6,19.34.54 etc.

2. = *j* in *ploia* (provenzal.) r Pr 14,27 r 24,91.
3. = *v* in *piova* r J 6,7 r 14,132 r Pg 30;113.
4. = *bb* in *Aggobbio* Pg 11,80.
Brunetto hat nur *piova* (Wiese § 117).
Über *leggiero, alleggiare, ploia, pioggia* etc. cf. Caix § 179.

IV. *f, ph.*

ph = *p* in *spera*, z. B. J 7,96 34,116 Pr 24,11 etc., sonst wird es zu *f*.

Verdopplung des *f*: *Affricano* Pg 29,116; *profferta* Pr 23,52 26,103. Daneben einfaches *f* in *proferere* Pr 3,6; *proferse* J 29,132 Pr 28,136.

ff ist vereinfacht in *uficio* (cf. Unbetontes *o*).

V. *w.*

v ist im Anlaut *gu* wie in der modernen Sprache. — Nach *s* ist es *u* in *Suave* (BDC: *Soave*) Pr 3,119.

Im Inlaut zwischen Vokalen ist es *gu*: *triegua* J 7,88; *tregua* Pg 14,136 17,95.

Dentale.

I. *t.*

1) Verdoppelung: *ghiotto* J 16,51; *battere, tutto*.

t in *ti*, wenn dies als Affisso auf betonten Vokal folgt, z. B. *trarrotti* J 1,114 J 2,50.86 etc.

Brunetto schreibt *sagretto* (Wiese § 80), die ältesten Dichter *battere, tutto*.

2) *t* = *d*: Die Endungen der Substantiva auf *-ate, -ute*, welche bei den ältesten Dichtern fast ausschliesslich gesetzt werden — höchst selten sind *-ade, -ude* — haben bei Dante ebenso häufig *-ade, -ude* neben sich, sowohl im Reim wie in der Mitte des Verses. Auch Brunetto hat beide Formen. Die apokopirten Formen wendet Dante häufig an im Innern des Verses.

t wird ausserdem zu *d* erweicht in *aggradare* J 2,79; daneben *aggratta(re)* r J 11,93; *grato* r Pg 27,110 Pr 8,89 etc.;

spada J 4,86 16,39 etc.; *scudo* r J 22,116 Pg 32,19 etc.; *scuriada* J 18,65; *strada*; *muda*, subst. (von *mutare*) J 33,22; *quaderno* Pr 16,37; *imperadore, medesmo*; *masnada* Pg 2,130; *contrada* r J 8,93 Pg 8,125 etc.; *la podesta* J 6,96; sonst *potestate*, z. B. J 3,5 Pg 8,72 19,135 Pr 31,87; *nudrire* J 12,71; dagegen *nutrire* Pg 25,21; *nutrice* Pg 21,98 22,105 Pr 12,77; *nutrimento* Pr 17,131; *podere*, subst., J 23,57 7,5 Pg 17,118 etc., im Ganzen 8mal; das Verb *potere* hat stets *t*. *lido* r Pg 17,12, sonst *lito*, z. B. J 3,116 26,103 Pg 1,130 etc.

t ist noch erhalten überall in *cotesto* (modern *codesto*), *satisfare*.

t vor *r* ist erweicht in *padre, madre*. *patre, matre* im Reim zu *idolatre* J 19,115.117.119 zu *atre* Pg 30,50.52.54. — *imperadrice* Pg 3,113; daneben *imperatrice* J 5,54; *genitrice* Pg 3,115; *retroso* Pr 22,94.

Bei den ältesten Dichtern ist Erhaltung der Tenuis Regel, ausser in *grado, aggradare*, cf. Caix § 133; Brunetto hat auch *grado, aggradare* neben *grato*, cf. Wiese.

Häufig ist bei den ältesten Dichtern die Endung *-dore* (lat. *-tor*), welche aus dem Provenzalischen übernommen wurde (Caix § 134). Dante hat nur *imperadore* J 1,124 34,28 Pg 7,94 etc.; dagegen *persecutore* Pg 15,113; *permotore* Pr 1,116; *sartore* Pr 32,140.

t fällt bisweilen aus in *Piero* r J 2,24 19,94 etc.; dagegen *Piętro* r J 1,134 19,91 etc. — *Poria* Pg 7,58 17,63; sonst steht *potrò*, die toskanische Form. — *tr* = *rr* in *parricida* Pg 20,104 AD. Caix § 139: Ausnahmslos steht *porò, porìa*, bisweilen *larone, norita, albire*. Brunetto schrieb *poria*.

t'l = *cl, chi*: *vecchio*, seltener *veglio* (prov. *velhs*) r J 14,103 Pg 1,31 2,119 29,143. — *nicchiare* J 18,103; *teschio* J 32,132; *fischio* r Pr 25,135; *secchione* Pg 18,78.

t'l = *ll*: *spalla* J 14,104.

t'l = *cci*: *goccia* r J 14,113.

t'd = *tt* in *putto* J 13,65.

tic: 1) = *ggi*: *visaggio* r J 16,25; *minugio* r J 28,23; *retaggio* Pg 7,120; *selvaggio, viaggio*.

2) = *ci*: *pancia* J 25,52.

Caix § 159: Neben *aggio* haben die ältesten Dichter bisweilen *aio*.

Ausfall des *t*: *assai*, *obblia* r J 11,61 Pg 2,75 etc.; *obblio*; *posponendo* Pr 14,131; *sollo* (*soltulus*, *soltlus*, cf. Diez Et. W.) J 16,28. Apokope in *e*, *o* (*et*, *aut*) vor Consonant, wechselnd mit *ed*, *od* vor Vokal.

tj: 1) = *cci*, nach *n*: *ci*.

cominciar J 1,31; *traccia* r J 12,55 10,116; *doccia* r J 14,117 r J 20,46; *squarcia*, 3. sg. praes., r J 30,124 33,27; *avaccio*.

2) = *zz*, *z* nach *r*, *n*.

Die Beispiele sind sehr zahlreich; es mögen nur die angeführt werden, welche noch eine Nebenform haben: *spazzo* J 14,13 r Pg 23,70; daneben *spazio* r Pg 24,31; 32,34; *spaziare* Pg 14,16 26,63 etc.

potenza Pg 4,4 *potenziato* Pr 7,140;
sustanza r Pr 7,5 *sustanzia* Pr 29,32 etc.

zz und *gi* in demselben Wort:

palazzo Pr 21,8 Pg 10,68 *palagio* r J 34,97
prezza Pg 24,34 *pregio* Pg 7,18 8,129 r Pg 26,125 r Pr 16,128;
prezioso Pr 2,140 15,86. *pregi* r J 14,70; *spregiando* J 11,48;

3) = *gi*: *stagione* J 1,43; *ragionare* J 2,36; *cupidigia* J 12,49; *indugio* J 27,35; *servigio* Pg 12,81 Pr 5,13 21,114 r 26,104; *Vinegia* Pr 19,141.

4) *zi*, z. B. *silenzio*, *nazione*, *sazio* etc.

Über *tj* cf. Caix 135 ff.

stj = *sci*: *angoscia* J 4,19; *poscia*; *biscia* (lat. *bestia*) »Schlange« J 9,77 25,20 etc. Daneben *bestia* »Tier im Allgemeinen« als gelehrtes Wort, ebenso *bestiale*, *bestialitate*. — *Abbrucia* r Pg 25,137; *abbruciato* J 15,27.

tt = *t*: *galeoto* r J 8,17; *galeotto* r Pg 2,27; *Galeotto* J 5,137. — *bruto* r J 26,119 Pr 7,139; sonst *brutto* J 13,10 8,35 etc. — *littorano* Pr 9,88; dagegen *lito*, z. B. J 3,116 26,103 etc.

II. d.

Verdopplung: *Iddio* J 3,103 (AB: *Dio*); Pr 24,130 (B: *Dio*). *contraddizion* Pr 6,21; dagegen *contradizion* J 27,120; *contradire* Pr 4,99; — *viddi* r J 7,20; *Soddoma* Pg 26,40.79; *Sodoma* J 11,50.

d im Anlaut ist weggefallen in *mentre (dum intre)* J 1,61.

Ausfall des *d* im Inlaut: *ausare* J 11,11 Pr 17,11 Pg 19,23; *raunare* Pg 10,18 (A: *radunare*); *sozzo* J 6,100; *storpio (extorpidus)* r Pg 25,1; *storpiuto* J 28,31; *marcio* J 30,122; *lazzo* J 15,65; *desio, desiare, desirare*; Beispiele siehe unter Unbetontem *e*; *vai* (lat. *vadis*) Pg 26,16; *va* J 2,139; *mo (= modo)* J 10,21 23,7.28 etc.; *pro* J 2,110 11,42 etc. und *prode* Pg 15,42 Pr 7,26. *Trento* J 12,5; *Trentino* J 20,67.

Caix § 142 führt an: *traito* (Dante: *traditore*), *prolosa, avoltro, cria* (fz. *crier*) etc.

d = *ll* in *ellera* J 25,58.

d ist vorgesetzt in *sdrucire* J 32,57.

dic = *ggi*: *giuggia* r Pg 20,48; *vengiare*, Lehnformen aus dem Provenzalischen.

dj: 1) = *ggi, gi* im Anlaut.

raggio r J 10,30 J 1,17 Pg 1,37; *raggiare*.

seggio J 1,128 27,111 etc. — *scheggia* J 13,43; — *poggiato* J 20,25; *merigge* r Pg 25,2; — *inveggia* r Pr 12,142 r Pg 6,20 (prov. *envetja*); *oggi* J 34,32. Anlautend *gire* J 12,24; *giorno* J 2,1 etc.

Präsensformen des Verbums: *richieggio* J 1,130; *heggio* r J 15,120 r 21,129. — *veggio* J 6,5 9,110 23,98 24,75 Pr 4,16; r J 15,116 r 21,127. *veggiamo* J 10,100; *veggiate* J 10,97.

asseggia r J 15,35; *feggia* r J 15,39 r 18,75.

2) = *zz, z* nach Consonanz: *mezzo*; *rozzo* (Diez: *rudjus*) 19,33 Pg 26,69; *berza (viridia)* r J 18,37 (cf. Diez, Et.W. I *verga*).

3) = *j*: *noja* J 1,76 etc.; *gioia* J 1,78; *raiare* r Pg 16,142 r Pr 15,56 r Pr 29,136; *rai* pl. r Pr 22,24 r 26,82; Pr 14,101.

Diese Formen unter 3 sind dem Provenzalischen entlehnt (cf. Caix § 144).

Die ältesten Dichter gebrauchten *j* in der Regel, also *veio*, Guittone auch *veo* (cf. Caix l. c.), Brunetto regelmässig die toskanische Form *veggio*.

di ist oft erhalten: *invidia*, *invidiare* J 6,50.74 25,99 etc., neben *inveggia*. — *odio*, *meridiano*, *cotidiano*, *diurno* adj. neben subst. *giorno*; *sedia* Pr 12,88, *sedio* Pr 32,7 neben *seggio*; *radial* Pr 15,23 und andere latinisirte Formen.

III. *s*.

s = *sci* (*ś*) im Wortlaut vornehmlich vor Palatalvokal: *scemare* J 4,148; *scipare* J 7,21; *scemo* Pg 7,65; *scevrare* Pr 16,13; *scimia* J 29,139; *scegliere* J 13,97 14,100; *sciogliere* J 9,73 14,27; *scempio* J 25,126 Pg 16,55 (lt. *simplex*) neben *semplice*.

s = *c*: *sdrucire* (B *sdruscire*) J 22,57; *ricuce* r Pg 25,139. Assimilation des Silbenanlauts liegt vor in *Cicilian* J 27,7. Dies auch von Br. gebraucht. Dagegen *Sicilia* J 12,108 (BD: *Cicilia*), Pg 3,116.

Verdoppelung tritt ein in *si* als Affisso und *sù*, wenn sie mit einem auf betonten Vokal auslautenden Wort componirt werden, z. B. *lassù* J·1,124; *sassi* (= *sà si*) J 12,21.

s, wenn es primär und sekundär im Auslaut steht, fällt ab wie in der modernen Sprache.

Unorganisches *s* ist vorgesetzt in *stizzo* J 13,97; *stizzosamente* J 8,83; *sdrucire*.

s = *r* in *orma* (griech. ὁρμή) J 8,102; r Pg 9,60.

s ist teilweise ausgefallen in *trans*-, wenn es mit Verben componirt ist. Daher *traboccare* J 6,50; *trafiggere* J 24,98; *trafugare* Pg 9,38; *tralignare* Pg 14,123; *tralucere* Pg 14,79; *tramortito* Pg 33,129; *trangugiare* J 28,27; *trapassare* J 3,74; *trapelare* Pg 30,88; *trapunto* Pg 24,21; *traversare* Pg 5,95; *traviare* Pg 5,92; *travolgere* J 20,17. — *s* ist dagegen erhalten in *trascolorare*, *trascorrere*, *trasformato*, *traslatare*, *trasmodare*, *trasparere*, *trasportare*, *trasumanare*, *trasvolare*.

sj = 1) *gi*: *cagione* J 1,41; *bugiardo* J 1,52; *pertugio* J 24,93; *prigione* Pg 1,4; *Perugia* Pr 6,75; *Parigi* r Pg 20,52; neben *Parisi* r Pg 11,81; *Tamigi* J 12,120.

2) *ci*: *baciare* J 5 134; *camicia* J 23,42. Caix § 148: *bascio*, Brunetto *baciare*.

3) *j* fiel aus in *chiesa* J 2,97.

4) *zi* in *Brandizio* Pg 3,27.

si ist erhalten in den gelehrten Wörtern: *offensione* J 6,66; *eresiarca* J 9,127; *compassione* J 20,30; *digression* Pg 6,128; *confusione* Pg 31,13; *ambrosia* Pg 24,150.

Dem *gi* Dante's entspricht bei den ältesten Dichtern *s*, *gi*, *sgi*, *sci* (cf. Caix § 148).

IV. *z*.

Verdoppelung liegt vor in *orizzonte* J 11,113 Pg 2,1 7,60 etc.; *orizzon* Pg 4,70; *azzurro* J 17,64.

s steht für *z* im Reim: J 25,79 *fersa*; sonst *ferza* J 18,35.81 etc. *fersa* ist nach Caix, »Osservazioni« pg. 43, in Lucca und Oberitalien gebräuchlich.

Gutturale.

I. *c*.

1) *c* im Anlaut vor dunklen Vokalen und vor *r* ist bisweilen zu *g* geworden, wie im modernen Toskanisch: *gastigare* J 5,51; *gamba* J 13,21; *garofano* J 29,128; *gatta* J 22,58; *golfo* Pr 8,68; *gonfiar* J 17,31 (*conflato* Pr 33,89 ist gelehrt); *grasso* J 9,82; *grotta* J 14,114; *grada* (*crates*) Pr 4,83; *grattare* J 22,93.

2) Im Inlaut haben verschiedene Wörter *c* und *g* zugleich: *loco* und *luogo*. Beispiele s. unter *ö*. *loco* ist südliche Form und von den ältesten Dichtern allein angewendet. Barberino hat beide Formen. Cf. Caix § 150.

laco r J 20,61 25,27.	*lago* J 1,20 32,23 Pr 1,81; r Pg 5,84.
preco r J 15,34 r J 28,90 r Pr 20,53.	*pregare* J 5,77 6,89 r Pr 24,28 etc.
	subst. *prego* r J 16,29 r Pg 1,53 J 26,66. *pregare* und *prego* sind häufig.
secando J 8,29.	*segare* J 32,120; *risega* r Pg 13,2.
seco (lat. *secum*), *teco*, *meco* sind Regel.	1mal *sego* r Pg 17,58.

draco r J 25,23. *drago* r Pg 32,131.
macro r J 27,93 r Pr 25,3 Pg 9,138. *magro* r Pg 25,20; J 33,31 Pr 2,77;
　　dimagra (verb.) r J 24,147;
　　magrezza J 1,50 Pg 23,39 24,69.
Macra Pr 9,89. *Magra* r J 24,145.
segreto J 10,1 13,31. *segreto* J 3,21 8,87.125 Pg 20,92
　　Pr 25,42.
acro r Pg 9,136 r 31,3. *agro* r J 24,147 r Pg 25,24.

Die Zusammenstellung zeigt, dass die Formen mit *g*, welche im modernen Toskanisch allein üblich sind, abgesehen von *segro*, öfter auftreten. Die Formen mit *c*, wenn sie nicht als Latinisirungen aufzufassen sind, waren zu Dantes Zeit noch gebräuchlich, wie die Anwendung im Innern des Verses und im Reim beweist.

Umgekehrt ist von lat. *ficus* die Form mit *c*, *fico* J 15,16 im Toskanischen erhalten, während *figo* r J 33,120 als Lehnform aus einem andern Dialect anzusehn ist; im Lombardischen z. B. wird intervokalisches *c* in der Regel zu *g*. Cf. Salvioni, »Fonetica« pg. 231. Auch *sego* wird so zu erklären sein.

Neben *Enrico* Pr 17,52 (BCD: *Arrigo*) steht *Arrigo* J 6,80 Pg 7,131 14,97. Nach Caix § 150 schrieben die ältesten Dichter *siguro, cridar*, während man bei Dante: *sicuro, gridar* liest.

3) *c* vor hellem Vokal: *gelsa* Pg 33,69; *gelso* Pg 27,29 (lat. *celsus*); *augello*.

Neben einander stehn *soffolce* r Pr 23,130; *soffolge* r J 29,5. *dolzore* Pr 30,42 ist provenzalisch, cf. Caix § 155.

4) Verdoppelung: *Niccolao* Pg 20,32; *Niccolò* J 29,127; *checche* Pg 25,5. Beim Affisso *ci* nach betontem Vokal: *mostrocci* J 12,118; *menocci* Pg 12,97; *dicci* Pg 20,117.

Die Gemination ist des Reimes wegen unterblieben: *laci* r Pg 24,105; *fuci* r Pg 29,66.

5) Ausfall hat stattgefunden in *lama* (lat. *lacma*) J 20,79; *coltre (culcita)* J 24,48; *erta* (lt. *erecta*) J 1,31; *Almeone* (lt. *Alcmeon*) Pg 12,50. Ferner in der Combination *nct*, z. B. *giunto*, *pianto* etc., cf. unten.

Zwischen Vokalen hat Ausfall stattgefunden in *fiata (vicata)*, z. B. J 9,22 10,50 Pr 16,38 etc.

Die Verba auf *-icare* lauten aus auf *-eggiare* im Toskanischen, z. B. *vaneggiare* J 18,73; *francheggiare* J 28,116; *rosseggiare* Pg 2,14; *pareggiare* Pg 2,18; *vagheggiare* Pg 16,85; *fiammeggiare* Pr 21,88. Daneben findet sich *-eare* in *donneare*, aus dem Provenzalischen *domnear*: r Pr 24,118 r 27,88 *donnea*. — *roteando* Pr 18,41 19,97 21,39 ist ebenfalls eine Lehnform.

6) *ct = tt* ausser in *autore, autorità* wie in der modernen Sprache.

7) *cl*: 1. = *chi, cchi* in *occhio, cerchio, cerchiato, foracchiato, succhio, specchi* (von *specchiare*) r J 32,54.

2. = *gli* in *vermiglio, artiglio, germogliare, tanaglia, periglio*. Daneben *Periclo* r Pr 8,1; *miraglio*.

cchi und *gli* in demselben Wort:
parecchio r Pg 15,18 J 19,54. *pareglio* r Pr 26,108; ibid. 106. *specchio* J 30,128 Pg 15,16.75 etc. *speglio* nur im Reim: J 14,105 Pr 15,62 26,106 30,85.

c'l = ghi in *avvinghiare* r J 5,6 34,70.

miraglio, pareglio, speglio sind provenzalischen Ursprungs: *parelh, spelh, miralh* (cf. Caix § 113).

8) *cj* 1. = *zz, z* nach Consonant: *lonza* J 1,32; *fortezza* J 9,108; *lazzo* J 15,65; *Provenza* Pg 7,126; *Provenzale* (D: *Provinciale*) Pg 20,61; *rincalzo* r J 29,97. Dies die Entwickelung im Süden (cf. Caix § 156).

Bei den ältesten Dichtern sind diese Formen häufiger.

2. = *cci, ci* sehr häufig. Es findet dabei keine Abweichung vom modernen Sprachgebrauch statt. Zu erwähnen sind die Doppelformen *specie* J 3,104 Pr 7,28 32,123; *spece* r Pr 1,57; *spezie* J 2,77 Pr 13,71; *spezial* J 11,63. — *uficio* J 12,89 22,86 27,91 und öfter. *ufizio* r J 5,18. *offizio* r J 13,62 Pg. 6,146 Pr 30,146; *offiziale* Pg 1,30.

9) *cs (x)* 1) = *sci*, wo es nach Aphärese von *e* in den Anlaut tritt: *sciacurato* J 3,64 22,44; *sciocco* J 7,70; *scempio* r 10,85 Pg 12,55(?); *scialbo* Pg 19,9. Ferner im Inlaut zwischen Vokalen:

coscia J 24,74; *uscire, lasciare*; *mascella* J 12,78; *Bresciani* J 20,71; *asciutto (exsuctus*)*.

Es ist im Anlaut erhalten in *Xerse* Pg 28,71.

x = *ss* im Inlaut zwischen Vokalen in den Perfectis auf -*xi*, z. B. *vissi* J 1,71; *dissi* J 2,98; *trasse* J 4,55; *condussi* J 5,106; ferner in *prossimo* J 11,31 etc.; *sasso* J 11,60; *Polissena* J 30,17; *Anassagora* J 4,137; *lassa* J 3,49; *lussi* J 11,18 Pr 2,87; *lasso* Pr 14,107; *lassare* (neben *lasciare*) nur im Reim.

x = *s*, wo das *e* von dem Präfix *ex-* erhalten ist: *esuminare* J 5,5; *esercito* J 18,28; *esecutore* J 31,57; *esilio* J 23,126; *esordire* Pr 29,30; *esaltato* Pr 29,61; *esento* Pg 7,33; *esordio* Pg 16,19; *esalazione* Pg 28,98; ferner wenn ein Consonant folgt oder vorhergeht: *sesto* J 4,102; *mistura* J 6,100; *porse* J 1,32; *giunse* J 5,72; *strinse* J 5,128.

xc 1. = *sc* in *scusare*.

2. *cc (ć)* vor hellem Vokal in *eccellere* J 2,77; *eccelso* Pg 33,65; *eccellente* Pr 9 41; *eccellenza* Pg 11,87 17,116.

xj: = *s* in *ansare* J 94,83; *complessione* Pr 7,140.

Die Schreibung *x* ist ausser in *Xerse* nicht vorhanden; sie findet sich dagegen bei den ältesten Dichtern noch öfter (Caix § 158).

lassare, von Dante nur im Reime verwendet, ist die dem toskanischen *lasciare* entsprechende Form in nördlichen und südlichen Dialekten, auch in der Mundart von Siena (Caix l. c.).

II. *q*.

1) *qu* im Anlaut vor dunklen Vokalen ist erhalten ausser in *come, cotidiano*, vor hellen Vokalen in *quinto* J 19,129 etc.; *quindici* Pr 13,4; *quercia* Pr 22,87; *question* J 9,19; *querente* Pr 24,51; *queto, quetare* J 3,97 4,82 etc.; dagegen ist es *ch (k)* in *chiedere, che, chi*; *c (ć)* in *cinque* J 21,112; *ciascuno, cinquanta* J 10,79.

2) *qu* im Inlaut zwischen Vokalen ist erweicht zu *gu* in *seguire* J 1,113; *seguace* J 5,99; *eguale* Pg 8,108; *egualmente* Pr 33,144; *ugualmente* J 7,76. Daneben ist *qu* erhalten in *equale* Pr 2,15; *equare* J 28,20; *equalità* Pr 15,74.

3) *qu* = *c* im Inlaut, vor dunklem Vokal besonders, in *bieco, torca* (conj. praes. von *torcere*) J 17,28; *antico*; *cuocere* J 6,105; *alcuno, ciascuno*.

4) *qu* ist erhalten im Inlaut vor hellen Vokalen in den Wörtern auf -*unque*, in *dunque (donique**, cf. Romanische Forschungen I), *cinque, conquiso* r Pg 23,45; *aquila* J 4,96; ferner in *sequestrare* Pg 25,114; *loquela* Pr 29,131; *frequentato* Pr 22,38; *equivocando* Pr 29,75.

Gelehrt sind *equatore* Pg 4,80; *liqua(re)* r Pr 15; *iniquo* r Pr 15,3.

5) *quj*. 1. = *zz*, *z* nach Consonant: *dassezzo* J 7,139; r Pg 25,139; *torza* r Pr 4,78 (= *torqueat?*) neben *torca*.

2. = *cci* in *laccuolo (laqueolus**) J 22,109.

i ist ausgefallen in *queto, quetare* (cf. prov. *quetz*); seltner ist *quietare* Pr 15,5 18,106 27,106 30,52; *quieto* Pr 3,70; *quiete* subst. Pr 8,39 mit erhaltenem *i*. Dies sind gelehrte Formen, ebenso *reliquie* Pg 12,66. Caix § 161 notirt auch *chito*.

Verdoppelung liegt vor in *acqua*. *aigua* (prov.), Cf. Caix § 102, kommt nicht vor bei Dante.

-*que* ist hinzugefügt wie in *donique, dunque* (lat. *dona*) in *introcque* r J 20,130.

III. *g*.

g im Anlaut: *gioia* neben *godere*, cf. oben, und *giallo* J 17,59 34,43 etc. sind ursprünglich provenzalisch *joya* und deutsch *gelo* (cf. Diez, Et. W. I *giallo*).

g = *gi* bei den ältesten Dichtern auch in *lungiamente, alungiare, giausire* (cf. Caix § 164); bei Dante: *longamente, allungare*.

g = *c* in *faticare* J 2,3 39,35; *faticoso* J 23,67; *navicare* J 21,10 Pg 1,131. Daneben steht *navigante* Pg 8,2.

Verhärtung von *g* zu *c* kommt auch im Sicilianischen vor, z. B. *sucare (sugere), arca (alga)*, cf. Wentrup l. c.pg. 23.

g zwischen Vokalen ist geschwunden in *mai, paese, loico, re (regem)* J 4,125; dagegen der Plural lautet *regi* J 14,88.

Neben einander sind gebraucht *regale* Pr 13,104; *regalmente* Pg 30,70 Pr 11,91 und *reale* J 18,85 Pg 5,122 Pr 23,112; neben *regina* Pg 7,35 26,78 etc. *reina* Pr 6,133 in BCD. Dies nach Caix § 165 francoprovenzalisch. *reale* (= prov. *reals*) entspricht bei den ältesten Dichtern *leale*, *leiale* = prov. *leals* Caix § 163. Ebenda *smai* (= prov. *esmai*), bei Dante *smagare*, *castio*, *illia* im Reim (= prov. *castiar*, *liar*), bei Dante *gastigare*, *sciagurato* J 22,44; *sciagurato* (3silbig) J 3,64.

g ist ferner ausgefallen, wenn ursprünglich *i* folgte. Es liegt Lautassimilation vor: *dito*, *trenta*, *cinquanta*, *sessanta*, *venti*, *coto* = *cogito* r J 31,77 r Pr 3,26 (Caix: *coitare*); *futa* (*fugita*) r Pg 32,122; *tracotanza* J 8,124; vor *r* in *intero*, *nero*.

Neben *nero* J 5,51 12,109 13,125 etc. stehn *negro* r J 7,124 r 14,56 und *nigro* r Pg 33,110. *nigro* ist Latinismus; *negro*, nur des Reimes wegen gewählt, ist einem andern Dialekt entnommen.

g'l = *ghi*, *gghi*: *cinghia* r J 25,2; *unghiato* J 6,17; *tegghia*, *stregghia*, *vegghia* r J 24,74.76.78. Neben *vegghiare* Pg 32,66 Pr 3,100 steht *vegliare* (= prov. *velhar*) r Pg 15,64.

gn ist erhalten, ausser in *conoscere*, *conto* (= afr. *cointe*) J 3,76 (Cf. Caix § 167).

cognato J 6,2; *incognito* Pg 7,81 Pr 17,141 sind Latinismen.

Verdoppelung: *correggere*, *reggere*, *reggimento*, *leggere*, *fuggire*, *figgere*, *traggere*, *distruggere* (v. lt. *tragere**, *strugere**). Des Reimes wegen steht *affige* r Pr 33,133 mit einfachem *g*.

gj = *gi*, *ggi* (*ǵ*) wie in der modernen Sprache. *ngj* ergab *nj*, *ñ*. *spugna* (lt. *spongia*) r Pg 30,3.

IV. *j*..

j = *ǵ* in *gerarchia* (*hierarchia*) Pr 28,121; *maggiore*, *peggiore*. Caix § 169: Bisweilen ist *j* erhalten in *jugo*, *majo*, *majore*, *pejo*, *justo*, *justitia*, *juditio*. Diesen Formen entsprechen bei Dante stets solche mit *gi*.

j ist erhalten in *ajutare* (cf.: Tonloses *u*) und in Eigennamen: *Junone* Pr 12,12; *Jano* (B: *Giano*) Pr 6,81; *Juba*

(B: *Giuba*) Pr 6,70; *Jerusalemme* (C: *Ger.*) Pr 19,127; *Jordan* (BC: *Giordan)* Pg 18,135; *Joacchino* Pr 12,140 in A; *Justiniano* Pr 6,10 in AC.

V. ch.

Vor dunklen Vokalen wird es *c*, z. B. *patriarca* J 4,58; *conca* J 9,16; *Caos* J 12,43; *Cariddi (Charybdis)* J 7,22.

Vor hellen Vokalen wird es Sibilant in *scisma* J 28,35; *isceda* (σχέδη) Pr 29,115. — In Eigennamen und gelehrten Wörtern bleibt es erhalten als *ch*, z. B. *Sicheo* J 4,72; *Acheronte* Pg 2,105; *chelidro* J 24,86.

Teil II. Flexion.

Artikel.

Die im Text überlieferten Formen sind folgende:
Sg. masc. *lo, l', 'l, il*; fem. *la, l'*;
Pl. masc. *li, gli, i*; fem. *le, l'*.

Zu bemerken ist, dass die Contraction der Präposition *per* mit dem Artikel noch nicht stattfindet, wie bei Brunetto (Wiese § 123); ebenso unterbleibt sie teilweise bei *con*.

Neben den in der modernen Sprache allein gebräuchlichen *nello, nella* etc. finden sich des Reimes wegen *nelo* r Pr 11,13 und *nela* r Pg 17,55. Für *nello, nella, nelle* finden sich noch *in lo* Pg 31,121; *in la* J 6,61 7,41 etc.; *in le* Pg 9,38 22,5 24,22; *in gli* Pr 8,27.

Diese Anwendung von *in* findet sich nur nach vokalisch auslautenden Wörtern, so dass man annehmen darf, sie sei vom Dichter gewählt worden des Verses wegen, um eine Silbe zu sparen.

Im Übrigen kann verwiesen werden auf die Abhandlungen von Gröber, Zeitschrift für Romanische Philologie I u. II, und Caix, Giornale di Filologia Romanza 1879 und Origini §§ 191 ff.

Nomen.

Genus.

Masculina auf -*a*: *pianeta* J 1,17 Pg 1,19; *duca* Pr 12,32; *atleta* Pr 12,56; *profeta* Pr 12,60; *eresiarca* J 9,127; dagegen *la guida* (scil. Virgil) Pg 19,53.

Wörter, die im Lateinischen Feminina waren, sind Masculina: *lo Genesi* J 11,107; *arbore* Pg 24,113; *albero* J 13,15 Pg 24,145; *sterpi* (pl. von *sterpo*) J 13,7 Pg 14,95 Pr 12,100. *palude* ist Masculinum Pg 5,82 Pr 9,46, Femininum J 3,98 7,106 9,31 11,70.

Umgekehrt sind lat. Masculina hier Feminina: *fonte* J 1,79 7,101; *parete* Pg 3,99.

Übertritt in eine andere Declination.

1) Aus der 1sten in die 2te:
Neben einander sind gebraucht *fossa* J 8,76 12,52 etc. und *fosso* J 12,73 r 18,112 etc.; *nuvola* Pg 5,39 14,135 und *nuvolo* J 24,146 31,137; *colomba* J 5,82 und *colombo* Pg 2,125 Pr 25,19; neben *prova* J 28,141 und öfter, 1mal *pruovo* r J 12,93; neben *candela* Pg 22,61 30,90; *candelor* Pr 11,15 r 30,54.

2) Aus der 1. in die 3.:
Einmal findet sich *ale* r Pg 29,109, sonst *ala*.

3) Aus der 2. in die 1.:
travaglia J 7,20. Doppelformen sind häufig; daher stehn neben einander *gioia* (cf. oben) und *gaudio*; *labbia* J 7,7, *labbro* J 16,125; neben *foglia* 1mal *a foglio, a foglio* r Pr 12,121; *cerchia* Pg 22,33, *cerchio* häufig; *orecchia* J 16,105, *orecchio* J 8,65 etc.; — *chiostra* Pr 3,107, *chiostro* Pg 26,188; *soglia* J 9,92 Pg 9,104, *soglio* J 18,4 — neben *vestigio* J 24,50 etc., pl. *le vestige* r Pr 31,8, *vestigge* r Pg 33,108.

la bisogna J 23,140.

4) Aus der 2. in die 3.:
stile J 1,87 Pg 12,64 etc. Daneben *stilo* 2mal im Reim: Pg 24,62 Pr 24,21. — *usuriere* J 11,109; *frodolente* J 25,29 r 27,116

etc.; *termine* Pr 15,10 etc. — *pome* Pg 27,45 etc. neben *pomo* J 16,61 Pg 32,74 etc. — *nocchiere* Pg 6,77, *nocchiero* r Pg 2,43. — *martire* r Pg 10,109, *martiro* r Pr 10,128 r 11,100 etc. im Innern des Verses Pr 15,148 *desire*. — und *desiro* häufig — *bobolce* r Pr 23,132; *bifolco* Pr 2,18 — *mestiere* J 30,108; *mestiero* Pg 8,114; daneben *mestieri* J 2,68 Pr 14,10 r J 33,18.

    5) Aus der 3. in die 1.:

paura, duca, faccia, greggia, pancia, lumaccia, scabbia, calla Pg 4,22 r 9,123, sonst *calle*, z. B. J 1,18 10,1 15,54 etc.; *loda* Pg 20,36 r Pr 10,122 und *lode* J 26,71 Pg 18,60; *orizzonta* r J 11,113 und *orizzonte* Pg 2,1 7,60 etc.; *orizzon* Pg 4,70; *sementa* r J 23,123 Pg 47,104 J 15,76 BD und *semente* Pg 14,85 r Pg 25,57 r Pr 8,140. — *froda* J 17,7 20,117 etc. und *frode* J 11,24.25; *ereda* J 31,116 r Pg 7,118 r Pg 33,37 und *erede* Pg 14,98 (A₂BCD: *reda*).

Von diesen Doppelformen sind in der modernen Umgangssprache nur die Formen auf -*e*, also die ursprünglichen, im Gebrauch mit Ausnahme von *semente*, welches durch *sementa* verdrängt ist.

    Zu erwähnen sind noch *rabbia, tempia* J 9,42 etc.; *ghianda* r Pg 22,149 r Pr 22,87; *suora* Pg 22,114; *bilancia* r Pr 5,62; *etera* Pr 22,132; *vesta* Pg 1,75; *Elicona* Pg 29,40; *Lacedemona* Pg 6,139; *Danoia*; *Piava* (lt. *Plavis* = nit. *Piave*) r Pr 8,27; *Simoenta* Pr 6,67. *pecora* J 32,15; *Calcanta* r J 20,110; *Peanar* Pr 13,25; *Flegetonta* r J 14,116; *Aronta* J 20,46.

    6) Aus der 3. in die 2.:

lodo 1mal (r J 3,36) cf. oben *loda, lode*. — *vermo* J 6,22 etc. *furo* J 21,45; *fascio* J 31,135; *marmo* Pg 10,31; *Tevero* (B: -e) Pg 2,101 Pr 11,101; *albero* neben *arbore*; *sorco* r J 22,58; *lavoro* Pg 21,112; *solfo* r Pr 8,70; *pondo* r Pr 27,64; *ladro* J 24,138 Pg 20,104 r J 25,1 neben *ladrone* J 12,90 etc. *collo* Pr 4,132 J 23,43 in BCD; häufiger ist *colle* J 1,13 23,53 etc. — Adjectiva: *alpestro* Pg 14,32; *povero* Pg 20,22; *agro* r Pg 25,24; *cilestro* r Pg 26,6; *silvestro* J 13,100; *terrestro* Pg 30,126; *turpo* r Pr 15,145; *leno* r Pr 28,80.

Latinismen sind *imago* r J 20,123 Pr 20,76 33,138; daneben *imagine* J 15,10.83 17,7 etc.; *image* Pg 25,26 Pr 2,132 etc.; *temo* Pg 22,119 etc.; daneben *timone* Pg 30,6; *turbo* J 3,30 26,137 etc.; *sermo* r J 13,138 r Pr 21,112, häufig *sermone*. — *beatitudo* Pr 18,112; *Plato* r Pg 3,43, daneben *Platone* r J 4,134 r Pr 4,24; — *Scipio* r Pr 27,61; *Paris* J 5,67.

Nomina auf *i*: *mestieri* (cf. oben) und *pari* Pg 12,1; ausserdem die Eigennamen *Temi* Pg 33,47; *Parisi* r Pg 11,81; *Parigi* Pg 20,52; *Tamiri* Pg 12,56; *Lemosì* Pg 26,120; *Chiassi* r Pg 28,20; *Giovanni* Pr 32,31 etc.; *Genesi* J 11,107; *Creti* J 12,13, daneben *Creta* r J 14,95; *Simifonti* r Pr 16,62; *Siratti* J 27,95; *Esti* J 12,111.

Pluralbildung.

Entsprechend dem doppelten Singular *ala*, *ale* gibt es 2 Pluralformen: *ale* r Pg 9,9 r 10,25 r 12,91; *ali* r J 5,40.83 17,127 und öfter. Im Innern des Verses wechseln beide. — *arma* hat im Plural *armi* r J 17,2 r Pg 22,55 r 31,47 r Pr 6,25 und *arme* Pg 20,73 J 27,67 Pr 6,111. Letzteres nur im Innern des Verses, *armi* nur im Reim.

eresiarca hat im Plural *eresiarche* r J 9,127. Sonst haben die Masculina auf -*a* den Plural auf -*i*, also *pianeti* Pr 10,14; *pirati* (AB: *pirate*) J 28,84; *profeti* Pr 24,136. *e* auch in *idolatre* r J 19,113; *erede* r Pr 11,112.

Die Substantiva der 3. Deklination haben im Plural öfters *e* statt *i*. Die Beispiele finden sich aber besonders im Reim: *prece* Pg 20,100; *consorte* Pr 21,77; *dape* Pr 23,43; *face* Pr 27,10; *accline* Pr 1,109; *concorde* Pr 15,8; *le Najade* r Pg 33,49; *pingue* Pr 23,55. Nur 2 Fälle innerhalb des Verses: *buone merce* Pr 11,123; *le Strofade* J 13,11. .

Diese Endungen sind auch bei den Vorgängern Dante's häufig (cf. Caix § 198, Wiese § 125).

Oft werden die Plurale von Neutris der 2. lat. Deklination, welche im Italienischen als Feminina im Singular aufgefasst wurden, mit dem Artikel *le* verbunden: *le strida* J 1,115 5,35 etc.; *le pugna* r J 6,26 Pg 16,18; *le braccia* J 8,43 10,45 etc.; *le ciglia* J 8,118 15,20 etc.; *le fata* J 9,97; *le anella* J 28,11 Pg 23,81; *le grida* J 14,102 16,13 etc.; *le corna* J 19,110 25,132; *le ossa* J 20,91; *le minugia* r J 28,25; *le dita* J 29,85; *le labbra* J 32,47 etc.; *le spoglia* r J 33,63; *le cuoia* r Pr 24,93; *le scusa* Pr 29,108; *le migliaia* r Pr 29,154. — Folgende Wörter haben noch einen andern Plural daneben: *le peccata* r J 5,9 Pr 17,133 22,108; *li peccati* Pg 3,121 — *le castella* J 22,8 33,86; *i castelli* J 15,8 18,11 — *le mura* r J 4,107 8,78 18,10 Pr 22,76; *muri* J 17,2 — *le ginocchia* Pg 2,28 4,107 10,132; *ginocchie* J 10,54 — *orecchi* J 8,65 etc.; *orecchie* J 16,104; *orecchia* Pr 17,43 — *le membra* J 9,40 13,90 etc.; *membri* 1mal, r J 16,10; *le membre* r J 29,51 r Pg 6,147.

Von *calcagno* lautet der Plural *i calcagni* J 19,30; *le calcagne* r Pg 12,21 r 19,61.

Die Plurale von *uomo, bue, Dio* sind wie in der modernen Sprache *uomini* J 16,118; *buoi* Pg 10,56; *Dei* r J 31,95 1,72.

Von den Wörtern auf -*co*, -*ca*, -*go*, -*ga* bilden den Plural auf -*ci*, -*ce*, -*gi*, *ge*: *Greci* J 26,75 etc.; *vinci* r Pr 14,129; *porci* J 8,50 r Pr 29,125; *duci* r Pr 20,8; *nemici* Pr 12,57 17,86; *caduci* r Pr 20,12; *amici* Pg 8,3 20,57 r Pr 3,66 r 12,132; daneben *amiche* r J 25,4 r Pr 25,98; *bieci* r Pr 5,65; *biece* r J 25,31 Pr 6,131; *force* r Pr 16,9. — *piage* r Pg 25,30.

Wörter mit dem Ton auf der drittletzten Silbe: *monaci* J 23,63 Pr 22,81; *angelici* Pr 20,18; *eretici* Pr 12,100; *bucolici* Pg 22,57; *filolofici* Pr 26,25; *ficice, metafisice* Pr 24,134. In den übrigen Fällen wird der gutturale Laut beibehalten.

Als Pluraliatantum sind zu nennen *miglia* J 29,30 30,86 etc.; *le reni* J 20,13 17,109 etc.; *le sarte* (mittelgriech. ἐξάρτιον, cf. Diez, Et. W.) r J 27,81.

Gelehrt ist das nach griechischer Weise gebildete *entomata* Pg 10,128.

Über den Plural der Wörter auf -*ello*, -*ale*, -*olo* cf. Cons. l.

Pronomen.

a. **Pron. absolutum:**

1. Pers.: sg. nom. *io*. — obl. *me, mee*. — plural: *noi, nui*.
2. Pers.: sg. nom. *tu, tue*. — obl. *te*. — pl. *voi, vui*.
3. Pers.: masc. sg. nom. *egli, ei*; *ello* — obl. *lui, ei, ello*;
   pl. nom. *elli, ei, egli* — obl. *elli, loro, lor*;
   fem. sg. nom. *ella* — obl. *lei*;
   pl. nom. *elle* — obl. *elle, loro, lor*.

Pronomen reflexivum: *se*.

b. **Pron. conjunctum:**

1. Pers.: sg. nom. *i'* — obl. *mi, m'*. — pl. *ne, ci*;
2. Pers.: sg. obl. *ti, t'*. — pl. vi;
3. Pers.: masc. sg. nom. *el* — acc. *lo, il, l'* — dat. *li, gli, i*;
   pl. acc. *li, gli, i* — dat. *gli*;
   fem. sg. acc. *la, l'* — dat. *le, l'*;
   pl. acc. *le* — dat. *le*.

el, das nur 1mal, Pr 28,8, vorkommt, und *ello*, beide von Guittone d'Arezzo und Brunetto gebraucht (Caix §§ 206, 207; Wiese § 128), sind der arrezzesischen Mundart eigentümlich. Über den Gebrauch der Formen *ei* (= *egli*), *li, gli, i, lo, il, l* cf. Gröber, Zs. l. c. Über *mee, tee, nui, vui* cf. Vokalismus.

Die obliquen Formen des Pronomen conjunctum treten mit Ausnahme von *i* auch als Affissi auf. Sie werden nicht nur an Imperativ, Infinitiv und Gerundium, sondern auch an die 1. und 3. pers. sg. und plur. aller einfachen Tempora des Verbum finitum gehängt, selten auch an die 2. pers. sg. Für den letzten Fall finden sich nur folgende 5 Beispiele: *dovessiti* Pg 31,27; *vedra'mi* Pr 18,83; *vuo'mi* r Pg 14,78; *porteraine* Pr 17,91; *rendili* Pr 18,83.

Verbindung der persönlichen Pronomina mit einander: Wie in der modernen Sprache finden sich die Combinationen *mene, tene, sene, vene* auch als Affissi, z. B. *vassene il tempo* Pg 4,9; *trammene* J 29,105; ferner *gliele, gliel, gliene, mel*, z. B. *passar mel convien* Pr 23,24. Daneben findet sich ohne Anwendung des Affisso: *lo mi vieta la riverenza* J 19,101. —

Hervorzuheben sind folgende jetzt ungebräuchliche Verbindungen: *farmisi* (*mi* dativ, *si* acc.) J 5,26; *fammiti* (*mi* dativ, *ti* acc.) Pg 13,105; *ridurlasi* Pr 23,51; *dilmi* (= *dimmelo*) Pg 16,144; *sternilmi* (= *sternimelo*) Pr 26,43; *salsi* (= *se losa*) Pg 5,131 31,90; *mostrerolti* (= *te lo mostrerò*) J 32,101; *fermalvi* (*vi* adverb.) Pr 5,41.

Zu erwähnen sind noch die Verbindungen *nosco* Pg 14,105 22,106; *vosco* Pg 11,60 16,141 Pr 22,115.

Verbum.

Conjugationen.

Übertritt in eine andere Conjugation:

1) Aus der 3. in die 1.: *favorò* Pr 9,124; *schermar* (AD: -*ir*) Pg 15,126; *scherma* r Pg 6,151. — *disuna* r Pr 13,56. — *forbi* r J 15,69.

2) Aus der 1. in die 3.: *raccorce* r Pr 16,7 (3. sg. praes. indic.).

3) Aus der 3. in die 2.: *pentere* J 27,119 Pg 17,132 22,48; *pente'mi* r Pg 22,44; *pentuto* J 14,138 27,83. — *apparere* Pg 18,34 Pr 29,94.

Schwanken zwischen der 1. und 3. Conjugation: Es finden sich neben einander *dichiarare* Pg 24,90 Pr 7,122; *dichiara* (Imperativ) J 28,91; *dichiara* (praes.) Pg 19,115 und *dichiarisse* Pg 8,51; *dichiariranti* (BCD: -*eranti*) Pg 24,48; *chiarir* Pr 5,120 9,15; *chiarito* (B: *chiarato*) Pr 9,2. Ebenso *schiarir* Pr 26,23; *schiara* J 26,26 Pr 21,91; *schiarato* Pr 25,106 und *schiarì* r Pr 25,100.

Die moderne Sprache gebraucht *dichiarare*, *schiarire*.

Schwanken zwischen der 2. und 3. Conjugation: Das Perfekt von *seguire* und seinen Compositis ist bisweilen nach der 2. Conjugation gebildet; so steht *seguette* r J 25,40 r Pr 9,141 r 25,83; *perseguette* r Pg 22,83; innerhalb des Verses Pr 9,24. Häufiger ist die regelmässige Form *seguì* resp. *seguìo*, *compito* r J 14,66; *compiuto* r J 27,130 Pr 12,61 etc. stets im Reim; *ferito* Pg 4,57; *ferita*, subst., J 28,41 etc.; *feruto* J 21,87; *feruta*

J 1,108. — *vincia* (Imperfect von *vincere*) r J 4,69 ist sicilianische Form. — *reddire* Pr 11,105 18,11 (= nit. *riedere*). Sonst kommen nur die Präsensformen *riedo* etc. vor, so dass sich aus dem Text nicht ersehen lässt, ob Dante das moderne *riedere* kannte.

Schwanken zwischen der starken und schwachen Flexion findet statt. Von *venire* und Compositis ist das Perfect in der Regel starkgebildet, 1mal aber *convenette* r J 25,42. Ebenso neben *vissi* J 1,71 etc. *vivette* Pg 14,105; neben *ruppe* J 19,20 29,97 Pg 22,130 r 33,34 1mal (r Pg 7,31) *rompeo*; neben *tacque* Pg 15,92 18,127 etc. *tacetti* J 2,75 Pr 9,64 r J 27,98 r Pg 24,63 neben *piacqui* J 19,111 26,141 etc. *compiacemmi* r Pr 15,88. Participia: *involto* J 13,5 r Pr 11,8. *involuto* r J 24,146.
[*pasciuto* Pg 26,103 Pr 19,92 29,107. *pasto* Pr 19,93.]

Von *aprire* lautet das Perfect in der Regel *apersi*, z. B. J 10,44 33,139; 1mal (r Pr 30,51) *aprio*; neben *colto* 1mal (r Pg 18,51) *colletto*, ein Latinismus.

In den eben genannten Fällen hat die moderne Sprache die starken Formen. Von den folgenden Doppelformen sind nur die schwachen in der modernen Sprache gebräuchlich: *apparì* Pg 3,58; *appario* r Pg 2,22; *disparìo* r Pg 15,93; daneben *apparve* J 1,45 20,11 Pg 28,37 26,27 r Pg 15,125.

apparse r Pg 27,6 r Pr 15,74.
credetti J 18,46. — *crese* r Pg 32,32.
convertì J 13,92   *converse* r Pg 518.
       perse r Pr 3,125 r 8,126.
ricevuto J 12,23.   *ricetto* r J 16,102 *recetto* r Pg 17,27.
veduto und *visto* sind häufig, daneben *viso* Pr 7,5; *previso* Pr 17,27.
sepolto Pg 12,17 r J 9,130 r Pg 3,25 r 31,48; *sepulto* r Pr 7,58;
 seppellito J 9,125.
soffersi r J 28,99 Pg 32,63 etc.; *soffristi* Pr 31,80; *sofferìe* r Pg 16,10.
sofferto z. B. J 24,117 Pg 11,16;   *soffriro* r Pr 14,78.
proferse J 29,132; *profferto* Pr 23,52 26,103; *proferere* Pr 3,6.
       offerere Pr 5,50 r Pr 13,140.
consunsi, consunto J 11,66 Pr 12,15 etc.; *consumare* J 2,41 7,9 etc.

Endungen.

e steht für *i* in der 2. pers. sg. praes. indicativi oft im Reim, z. B. *abbracce* J 17,93; *affonde* Pr 27,121 etc., bisweilen in der 1. pers. sg. imperf. conjunctivi, ebenfalls nur im Reim: *io morisse* r J 5,141; *posasse* Pg 2,85; *credesse* r J 13,25; *scendesse* r Pg 8,46; *ardesse* r Pg 9,31. Umgekehrt steht *i* für *e* in *fossi* r Pg 24,136; *dicessi* r 4,64; *chiudessi* r J 9,62. Dies ist nach Caix § 211 heute die populäre Form im Toskanischen.

e für *a* steht in der 2. u. 3. pers. praes. conj.: *diche* r J 25,6 r Pr 25,86; *posse* r Pr 13,94; *vegne* r J 14,140; *fie* Pg 15,32 18,17; *ricinghe* r Pg 1,94; *stinghe* r Pg 1,96; *attinghe* r J 18,129; *rifonde* r Pr 2,88; *sie* r Pg 25,32; Pg 5,70 31,45 mitten im Verse.

i für *a* in der 2. pers. praes. conj.: *tu sii* J 1,66; *tu veggi* Pr 29,73 31,116; *abbi* J 19,68.

Die 1. pers. sg. perf. indicativi verliert oft das *i* vor den Affissi, z. B. *additta'lo* Pg 23,131; *entra'mi* r Pr 10,41; *fummi* Pg 21,98; *fumi* r Pg 22,90 r Pr 26,123; *pente'mi* r Pg 22,44; *die'mi* r Pg 50,51; *compiacemmi* r Pr 15,88; *rife'mi* r Pg 12,7 etc. Diese Contraction ist bei den ältesten Dichtern nicht üblich (Caix § 212), findet sich bei Brunetto ein Beispiel (Wiese § 134).

Assimilation des Endconsonanten mit dem anlautenden Consonanten des Affisso findet statt in *tiemmi* (= *tienmi, tienimi*) r Pg 31,93. Nach Caix § 212 sind diese Formen sehr üblich im Alttoskanischen. Auch Guittone und Barberino wenden sie an. *viemmi* J 19,93.

Die Zeiten.
Präsens.

Die 1. pers. pl. der 2. Conjugation lautet *-emo* und *-iamo*. Eine Form *-en*, welche von Brunetto und den ältesten Dichtern gebraucht ist (Wiese § 136, Caix § 217), findet sich bei Dante nicht.

Die 3. pers. pl. lautet regelmässig auf *-ono* aus; die Endung *-eno* kommt nicht vor, während sie bei den ältesten Dichtern besonders in Pisa und Lucca in Gebrauch ist (Caix § 218).

Von einigen Verben der 3. Conjugation, welche jetzt das Präsens inchoativ bilden, ist dasselbe in der primitiven Form vorhanden: *trade* r J 11,66 r 33,129; *pera* r Pg 14,30; *cappia* r Pg 21,81; *garra* r J 15,92 r Pr 19,147; *rape* r Pr 28,70; *pate* r Pr 4,73 r 20,94; 20,31; *custodi* r Pr 31,88. *fiere* J 9,69 10,69 r 11,37; *fiede* stets im Reim: J 10,135 Pg 9,25 28,90 Pr 32,40; *concepe* Pg 28,113 r Pr 2,37 r 29,139; *appare* Pg 2,127 steht neben *apparisce* J 14,128, *appaia* Pg 25,5, *appaiono* Pr 28,75.

Dieselbe Erscheinung findet sich bei Brunetto und den ältesten Dichtern (Wiese § 138, Caix § 219).

Umgekehrt lautet 1mal der Imperativ von *seguire*: *seguisci* Pg 1,112, während sonst die primitiven Formen gebraucht sind.

Imperfectum.

Neben den toskanischen Endungen -*eva*, -*evano* und -*iva*, -*ivano* werden -*ea*, -*eano* und -*ia*, -*iano* gebraucht. Letztere Formen stehn fast nur vor Consonantanlaut, sehr selten vor Vocalanlaut, z. B. Pg 12,43 *vedea|io*; Pr 31,40 31,58 *uno intendea, | ed altro*.

Die 2. pers. sg. lautet einige Male auf *ei* aus statt auf -*evi*: *avei* J 30,110; *dovei* J 33,87; *sapei* Pg 30,75; *facei* Pr 19,69. Sämmtliche Formen stehn ebenfalls nur vor Consonantanlaut. Massgebend für die Anwendung der einen oder andern Form war die Silbenzahl der Verse.

Pr 31,58 / *uno intendea / ed altro /* lässt beide Formen zu. Pr 17,2 *Di ciò ch'avea | incontro a. sè udito*. Pr 8,47 *Tanto s'avea, | e: Di'chi siete, fue*. Im letzteren Falle steht die Cäsur zwischen dem vokalischen Aus- und Anlaut.

Die 2. und 3. Conjugation haben ausserdem in der 3. pers. pl. die Endung -*ieno*, z. B. *rompieno* J 13,117; *movieno* J 18,17 r Pg 10,81; *venieno* Pg 3,92 etc. Die entsprechende Singularform findet sich Pg 19,110 in AC *potiesi*, Pr 20,126 in ACD *riprendiene*. Brunetto hat diese Formen nicht (Wiese § 139), dagegen sind sie gebräuchlich im Gebiet von Arezzo und Siena (Caix §§ 81 u. 221 ff.).

Eine Contraktion aus -cano ist -eno in aveno Pr 20,15 in AB; stufefacensi Pr 31,35; tacensi Pr 18,81; 1mal traéli (= traeali) Pg 32,6 in BCD. Analoge Formen bei Caix § 221.

sapavam (= sapevamo) Pg 14,127 in BCD (cf. Caix § 222, der Beispiele aus andern Texten anführt).

Perfectum.

Die lat. Endung -ivi, heute noch sicilianisch, findet sich in audivi r J 26,78, givi r Pg 12,69.

Entschiedener Latinismus ist requievi r Pr 1,97.

Die 3. pers. sg. in der 2. und 3. Conjugation lautet aus auf -eo, -io. Beispiele finden sich namentlich im Reim, z. B. uscio J 10,28 20,58; gio r 20,60; partio J 27,131 etc.; rompeo Pg 17,31; combatteo J 5,64 etc., selten im Innern des Verses, z. B. batteo Pg 12,98; seguio Pr 25,48; unio Pr 7,32; uscio J 2,105; salio Pg 28,101; gio J 28,111.

Die Endung -ao der 1. Conjugation, gebräuchlich bei den Vorgängern Dante's (Caix § 224, Wiese § 141), kommt nicht mehr vor.

Die gewöhnliche Endung der 3. pers. sg. im Innern des Verses ist für die 3. Conjugation ì, die entsprechende Endung der 2. Conjugation, -è, kommt nicht vor. -ì im Reim steht J 23,143.145.147 Pr 25,98.100.102.

Häufig ist die in der modernen Srpache gewöhnliche Form der 1. und 3. pers. sg. der 2. Conjugation -etti, -ette, 3. pl. -ettero, sowohl im Reim wie im Innern des Verses, während sich bei Brunetto nur 1 Beispiel findet (Wiese § 141) und die ältesten Dichter sie nie haben (Caix § 225).

Die gewöhnlichen Endungen der 3. pers. pl. sind -aro, -ero, -iro vor Vokal und im Reim, z. B. peccaro J 4,34; rendero Pg 11,46; usciro J 32,58; mandaro r Pg 5,32; sediero Pg 2,43; dipartiro r J 12,59 etc.; vor Consonant ist meist Apokope des o eingetreten, z. B. gittar Pg 2,50; lasciar Pg 3,10; poser J 6,81; chiuser J 8,115; combatter Pg 24,123; seguir Pr 14,81. Ebenso bei den Formen auf -ettero, z. B. procedetter Pr 27,37; precedetter J 19,74.

Die modernen Formen *-arono*, *-erono*, *-irono* kommen in ihrer vollen Gestalt nicht vor, dagegen Abkürzungen davon, so mit Apokope des Schlussvokals: *cantaron* Pg 12,111; mit Ausfall des *o*: *portarno* r Pr 11,108; *rifondarno* r J 13,148.

Einfluss der Singularform *levò* liegt vor in *levorsi* (= *si levarono*) r J 26,36 r 33,60. Assimilation von *r* an *n* liegt nach Zingarelli pg. 158 vor in *terminonno* (= *terminorno*, *terminorono*) r Pr 28,105. Aus *dierono* entstand demnach *dierno* r J 30,94 und *dienno* r J 18,90. Ebenso zu erklären wären auch *apparinno* Pr 14,121; *uscinci* (= *ci uscirono*) r J 14,45; *fenno* r J 4,100 16,21 etc. cf. unten.

Plusquamperfectum.

satisfára r Pr 21,93. Das Plusquamperfectum ist bei den ältesten Dichtern aus Süditalien in Gebrauch (Caix § 226). Zingarelli pg. 157 erinnert auch an das provenzalische Condizional.

Participium.

-iente für *-ente* in *bogliente* Pg 27,49.

Der Wechsel von *-uto* und *-ito* (Belege oben unter Conjugationen) ist häufiger bei den ältesten Dichtern (Caix § 228) und bei Brunetto (Wiese § 142).

Gerundium.

-iendo für *-endo*: *sappiendo* J 32,137 Pg 9,36 26,36 (cf. fz. *sachant*), daneben *sapendo* Pg 3,93. — *balbuziendo* Pr 27,133.

Futurum.

Dasselbe wird vollkommen wie in der modernen Sprache gebildet, während Brunetto neben der Endung *-ò* noch *-aggio* gebraucht und die ältesten Dichter *-aio*, *-aggio*, *-ò* und *-abbo* anwenden (Wiese § 144, Caix § 230).

Das Futur von *essere* lautet bei Dante *sarò*, bei Brunetto noch *serò*.

Condizional.

Die Endungen *-ei* und *-ia* — letzteres südlichen Ursprungs — treten neben einander auf; doch kommt *-ia*, plur. *-iano*, bei weitem seltener vor, da es nur für die 3. pers. sg. resp. plur. steht.

Bei den ältesten Dichtern sind die Formen auf *-ei*, *-ebbe*, *-ebbero* sehr selten. Guittone und seine Schule bevorzugen *-ea*.

Die 3. pers. pl. lautet neben *-iano* noch *-ieno*: *torrien* J 13,21 (B: *torrian*), *sarien* Pg 3,48.127 15,128 (B: *sarian*), *parrieno* Pg 28,29 (B: *parriano*, CD: *parreno*); *dovrien* Pr 2,55; *seguiterieno* Pr 2,72 (B: *-iano*); 1mal findet sich die entsprechende Singularform *-ie* in *giugneriesi* Pr 29,49 (B: *-iasi*).

Neben *-ebbero* steht 1mal *-ebbon* in *sarebbon* Pr 16,142.

Starke Verba.

andare. Praesens: *vado* r J 9,21 r Pr 2,124 und *vo*, z. B. r J 15,100 Pg 5,90; 2. pers. sg. praes. conj. *andi* r J 4,33; 3. pl. *vonno* r Pr 28,103. — Über *anderò*, *andrò* cf. Tonloses *e*.

dare. Conjunctiv: *dea* r J 33,126. *dieno* (B: *deano*) J 30,96. — Perfect: 3. sg. *diè* J 7,94 27,60.64 Pg 1,49 etc. und *diede* J 3,133 20,110 23,54 etc.

diè steht nur vor Consonantanlaut. 3. plur. *dier* Pg 5,41 29,11 etc. *dierno, dienno* (cf. oben Perfect.).

fare. Praesens: 1. sg. *fo* Pr 21,48 r 20,34 *(fommi)*; *faccio* J 2,70 Pg 9,31. 2. pers. *fai* J 17,66 Pr 18,83 20,91 r 16,2 etc. *faci* r J 10,16 r 14,135.

3. pers. *fa* und *face*, beide im Reim und im Innern des Verses.

Perfect.: 1. pers. *feci*, z. B. Pr 5,66. Daneben *fei* r J 23,90 Pg 1,87 etc. im Innern des Verses J 10,113 13,151 Pg 11,72 etc. nur vor Consonant. Über *fe'* cf. oben, unter Endungen. — 3. pers. *fece*, z. B. J 13,50 21,12 etc. *fe* J 1,51 4,23 r J 4,60 r Pg 12,45. *fee* nur im Reim, z. B. Pg 32,12 Pr 32,19; ebenso *feo* J 4,144 Pg 16,106 etc. 1. pers. plur. *femmo* J 17,32. 3. pers. *fecero*, vor Consonant *fecer*, z. B. J 6,31 21,92. *fenno* r J 4,100 8,9 etc.; im Innern J 16,21 17,32. *fero* und *fer* Pg 12,104 24,101 J 17,17.89 20,91 etc.

Imperfect. Conj. *fessi* J 33,59. 3. pers. *fesse* J 20,69 Pr 5,20 r 16,146; *facesse* r J 13,23. — Condizional: *satisfara*, cf. oben.

stare. Praes. Conj. *stia* Pg 17,84 in ABC; *stea* Pr 2,101 r J 33,122 r Pg 9,144 r Pr 31,45.

dicere, ducere. Über *dicere, ducere* und *dire, durre* cf. Unbetontes *e*. Praesens: 1mal *ridui* r Pr 22,21 *(= riduci)*, cf. provenzal. *duire*.

tenere, venire, manere. Zu den Präsensformen mit *ng* und *gn* cf. Consonantismus. *tiemmi, viemmi* cf. Endungen.

ponere. Inf. *poner* J 26,9 Pr 12,138 A₂BC, sonst *porre*. Zum Präsens cf. Consonantismus.

calere, dolere, solere, valere, volere, salire. Über die Präsensformen cf. Cons. *l*. Perfect.: *calse* Pg 30,135. *volse* stets im Reim, z. B. J 2,118 29,102 Pg 8,66 Pr 22,95; *volle* Pr 32,114.

solvere, tollere. *solvere* J 10,95.114 16,134 etc., *dissolve* Pg 16,138 sind Latinismen. Über *togliere, toglie, tolle* cf. Cons. *l*.

parere, morire. Über die Präsensformen cf. Cons. *r*.

videre, sedere, redire, credere, cadere.

Praesens: *vei (= vedi)* ist analogische Form, gebildet nach *dui, stai* r Pr 30,31, cf. Zingarelli pg. 158. Imperativ: *ve* Pg 5,4. Perfect: *viddi* r J 7,20 ist toskanisch, cf. Zingarelli pg. 150. *vedestu* J 8,127. Gerundium: *vedendo* J 12,58 14,108 etc. *veggendo* J 15,59 28,131 etc. Particip: *veduto, visto, viso* cf. Conjugationen. — *seggendo* J 22,102 in BC. — Praes.: *regge* 2. sg. r J 10,82. — Über das Perfect von *credere* cf. Conjugationen.— Praes. Conj. von *cadere: caggia* r J 6,67 r Pg 4,37 r 6,100 r Pr 7,78; *cada* r Pg 20,127. *caggiono* J 7,14 Pg 2,6. — Gerundium: *caggendo* Pg 14,49 in BCD.

ferere, quererе. Über den Wechsel von *d* und *r* cf. Cons. *r*. Neben *chiede* steht *richegge* r Pg 1,93. — Perfect: *richiesi* r J 2,54. Particip: *chiesto* r J 30,114 Pg 14,93.

sapere. Praes. 3. pers. sg.: *sa* J 30,120 Pg 11,66 5,135 31,90. *sape* stets im Reim: Pg 18,56 Pr 23,45 28,72. — *capere.* Particip: *catto* r Pg 20,87. *concetto* J 12,13 Pr 18,86 etc.

frangere. *fratto* Pg 17,42 Pr 23,80 (= neuit. *franto*).

movere. Über den Infinitiv cf. Betontes *o*.

Perfect: *mosson (= mossero)* Pg 4,122. Particip: *mosso* J 2,141 10,90 etc. *commosso* r Pr 1,86; *rimosso* r J 14,138 r 15,13 Pr 27,127 20,95. *moto* Pr 18,49 24,132 r Pg 23,19; *commoto* r Pr 32,69; *rimoto* Pg 7,47.

convertere. Über das Perfect cf. Conjugationen. *converso* Latinismus stets im Reim: J 12,43 Pg 19,116 J 29,41.

fendere. Perfect.: *fesse* J 12,119 r 25,104; *fesso* r Pg 3,96.

rifondere. Perf. *rifusi* Pr 12,9.

rompere. Perf. cf. Conjugationen. ibid. *tacere*.

trahere. Inf. *trarre* Pg 28,46 Pg 2,76. Praes. *traggi* Pr 5,125; *tragge* J 24,145 30,71.

vivere. Über das Perf. cf. Conjugationen. Particip: *vivuto* (= neuit. *vissuto*) Pg 21,100.

potere. Particip: *potuto* (BC: *possuto*) Pg 3,38. *possendo* Pg 11,90. Praes. 3. pl. *ponno* J 21,10 33,30 Pr 28,101.

figgere. Particip: *fitto* J 15,82 r 19,50; *traffitto* J 25,88; *confitto* J 23,115. *fisso* nur im Reim: J 23,9 30,130 Pr 7,96 etc. *crocifisso* J 23,111 Pg 17,126 r Pg 6,119.

debere, habere. Über die Formen mit *bj* cf. Cons. *b*.

Praes. 2. sg.: *dei* r J 14,16 Pg 8,68 Pr 28,106 etc. 3. sg.: *dee* J 2,88 r 26,11; *de* J 16,125 Pr 33,44. 3. pl.: *denno* r J 16,118; *den* J 33,7 Pg 13,21; *deono* J 19,3.

Neben *abbo* findet sich *ho* r J 32,5 r Pg 33,93 Pr 24,86. 2. sg.: *hai* Pr 24,85.99. 1. pl.: *avemo* Pg 4,86 Pr 3,72 etc. 3. pl.: *hanno* J 13,13; *han* J 13,7. Perfect.: *ei* J 1,28; *ebbi* Pg 2,19 4,13 etc.

essere. Praes. Neben *è, ee* (cf. Unbetontes *e*) steht *este* r Pr 24,141; ein Latinismus. 1. pl.: *semo* und *siamo*. 3. pl.: neben *sono* auch *enno* J 5,38 r Pr 13,97; *en* Pg 16,121. *en(no)* ist Analogiebildung nach der 3. sg. — Imperfect: Neben *eravamo* z. B. Pg 4,53 *eramo* r Pg 32,35, ein Latinismus. — Perfect: Über *fu' (= fui)* cf. Unbetontes *i*. 3. sg.: *fu* und *fue*. Letzteres meist im Reim; im Innern des Verses steht es J 14,49. 3. pl.: *furono* J 22,38 Pg 16,132 etc. *furon* J 3,28 27,75 etc. *furo* vor

Vokal, z. B. J 7,51 10,46; *fur* sehr häufig, vor Consonant, J 2,109 3,7 etc. *foro* nur im Reim, z. B. J 3,39 22,76 Pg 9,22 etc. 2. sg.: *fusti* J 13,137; *fosti* J 6,42 13,52. 2. pl.: *foste* J 26,119. — Futur: Neben *sarò* etc. steht *fia*, z. B. J 1,106.122 und oft noch. *fie* r Pr 7,114 Pg 15,32 18,17; 3. pl.: *fieno* Pg 13,133 25,36 etc.— Condizional: Neben *sarei*, *saria* auch *fora*, z. B. Pg 10,16 r Pg 26,25. — Conjunctiv Praesens: *sie* (= *sii*) Pg 5,70 31,45 r 25,32 etc. *sieno* J 11,89 16,24 etc. — Imperfect: Neben *fossi*, *fosse* etc. stehn *fussi* J 16,46; J 26,51 3,80; *fussimo* J 8,2. Die Formen mit *o* sind bei weitem häufiger. Inf. 1mal *esse* r Pr 3,79, ein Latinismus.